지지 않는 태양 (사노 마사시 촬영)

쇼와 기지에서 촬영한 오로라

빙산

해빙과 빙산 빙산 측벽에 크레바스가 보인다.

빙폭(氷瀑)

남극크릴 (다니무라 아츠시 촬영)

아델리펭귄

남방코끼리바다표범

북극곰 (요시오카 미키 촬영)

사향소 (아라이 테루오 촬영)

황제펭귄

로스 섬의 스콧 오두막과 에러버스 산

타로와 지로 (일본 국립극지연구소 제공)

내륙 여행을 떠나는 설상차

남극과 북극의 궁금증 100가지

가미누마 가츠타다 · 아소 다케히코 · 와다 마코토 ·
와타나베 겐타로 · 아즈마 구미코 지음
가미누마 가츠타다 감수
김태호 옮김

北極と南極の100不思議

written by 神沼克伊, 麻生武彦, 和田誠, 渡邊研太郎, 東久美子

Original copyright ⓒ 2003 by Katsutada Kaminuma, Takehiko Aso, Makoto Wada,

Kentaro Watanabe and Kumiko Azuma

Korean language edition copyright ⓒ 2009 by Purungil Co., Ltd.

Korean translation rights arranged with Tokyo Shoseki Co., Ltd., Tokyo

All rights reserved.

남극과 북극의 궁금증 100가지

초판 1쇄 발행 2009년 5월 28일
초판 2쇄 발행 2014년 9월 22일

지은이 가미누마 가츠타다, 아소 다케히코, 와다 마코토, 와타나베 겐타로, 아즈마 구미코
감수 가미누마 가츠타다
옮긴이 김태호
펴낸이 김선기 | **펴낸곳** (주)푸른길
출판등록 1996년 4월 12일 제16-1292호
주소 (152-847) 서울시 구로구 디지털로 33길 48 대륭포스트타워 7차 1008호
전화 02)523-2907 | **팩스** 02)523-2951
이메일 purungilbook@naver.com
홈페이지 www.purungil.co.kr

ISBN 978-89-6291-110-7 03970

*잘못된 책은 바꿔 드립니다.

남극과
북극의
궁금증
100 가지

푸른길

머리말

지구는 우주 공간에 떠 있는 '작은 물의 행성'이다. 우주 공간에서 보면 작은 점에 불과한 지구일지라도 그 표면에는 인간을 비롯하여 온갖 생명 현상이 존재하며, 깨끗하고 아름다운 자연 경관이 있다. 이런 지구에서 남극과 북극은 인류에게 특별한 장소였다. 특히 중위도에 살고 있는 우리에게 남극과 북극은 20세기 이전까지는 완전히 별세계로 생각될 정도였다.

21세기의 오늘날에도 '남극과 북극은 똑같이 매우 춥다' 라고 생각하는 사람이 적지 않은 듯하다. 또 '북극에도 펭귄이 있고, 남극에도 북극곰이 있다' 라고 알고 있는 어린이도 꽤 있다고 한다. 그것뿐만이 아니다. '남극 기지에 근무하는 연구원들은 주로 통조림만 먹는다' 라고 생각하는 사람도 있다. 이런 지식들은 모두 맞지 않다.

남극과 북극 하면 오로라, 얼음, 펭귄, 추위 같은 단어가 먼저 떠오르지만, 결코 그것만이 전부는 아니다. 남극과 북극 특유의 갖가지 현상에 더하여 지구라는 커다란 시스템에서 양극의 역할을 보여 주는 여러 현상이 있다. 인류가 활동하는 지역에서 멀리 떨어져 있는 양극은 인간 활동으로 인한 오염이 적으므로 지구 환경을 감시하는 고감도 센서가 되고 있다. 또 양극에서는 우리에게 몹시 낯설고 때로는 불가사의하게 여겨지는 자연 현상도 많이 일어난다. 본서는 그런 것들을 알기 쉽게 설명하고자 했다.

남극과 북극의 자연 현상 그리고 그곳에서의 인간 활동을 다루어 독자들의 감성을 자극하고 남극과 북극에 흥미를 갖게 하는 것을 첫 번째 목적으로 했다. 본서로 인하여 더 많은 독자들이 극지에 관한 지적 욕구를 자극받기 바란다.

　본서의 특징은 집필자 전원이 극지 연구의 최전선에서 활동하고 있는 연구자라는 것이다. 모두가 거의 매년 남극과 북극으로 나가서 관측과 조사를 하고 있다. 집필자들이 일본의 남극 관측 거점인 쇼와 기지에서 보낸 기간을 전부 합하면 족히 20년은 넘을 것이다. 그곳에서 가지고 돌아온 데이터를 사용한 연구 성과는, 국내는 물론 해마다 열리는 많은 국제 대회에서 발표되고 있다. 본서 또한 이런 연구 최전선의 정보를 토대로 작성되었다.

　흔히 학자들이 쓴 책은 이해가 잘 되지 않거나 어렵다고들 한다. 집필자 일동은 이런 보편적인 결점을 극복하고자 노력했다. 그 수고를 독자들이 본문에서 찾아내어 준다면 더할 나위 없겠다.

차례

II. 오로라의 무대와 극지의 대기

Ⅲ. 눈과 얼음의 세계

IV. 극지에 사는 생물들

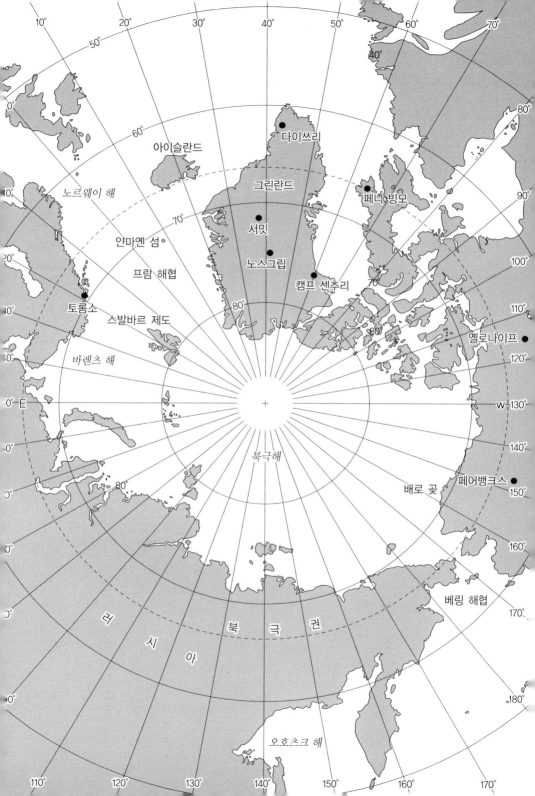

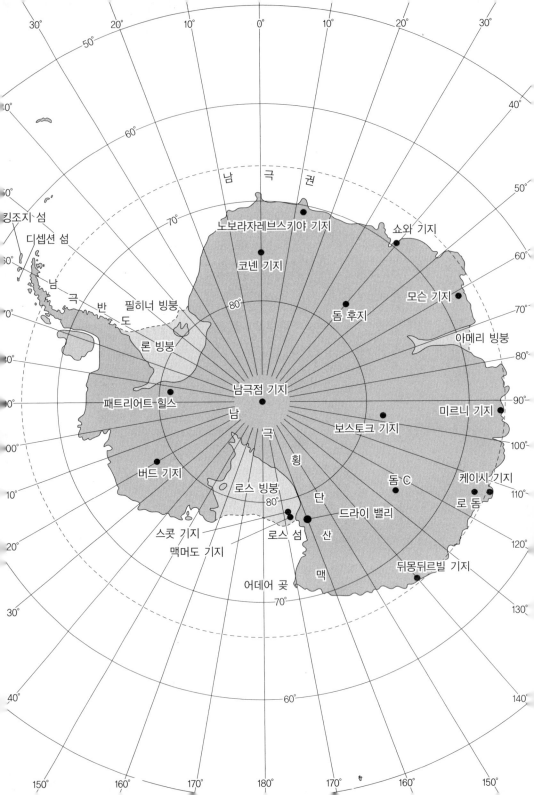

30° 20° 10° 0° 10° 20° 30°

50° 60° 40°

남 극 권

70° 50°

킹조지 섬 노보라자레브스키야 기지 쇼와 기지 60°

디셉션 섬 코넨 기지

남 모슨 기지 70°

극 반 필히너 빙붕 80° 돔 후지

도 아메리 빙붕 80°

론 빙붕

남극점 기지 90°

패트리어트 힐스 남 미르니 기지

보스토크 기지 100°

극 횡

버드 기지 돔 C 케이시 기지 110°

로스 빙붕 단 로 돔

80° 드라이 밸리

스콧 기지 로스 섬 산 120°

맥머도 기지

어데어 곶 맥 뒤몽뒤르빌 기지 130°

70°

40° 60° 140°

150° 160° 170° 180° 170° 160° 150°

I

극지의 개요와

지구에서 본 극지

극지란 어디를 가리킬까

기원전 5, 6세기 그리스의 철학자들은 사물의 대칭성을 중시했다. 당시 피타고라스는 '지구는 둥글다'라고 생각했으며, 아리스토텔레스는 그런 생각에 찬성했던 한 사람이었다. 일단 '지구는 둥글다'라는 생각이 받아들여지자 이에 관한 여러 학설이 나왔다. 예를 들면, 기원전 450년경 파르메니데스는 둥근 지구를 다섯 개의 기후대로 나눌 수 있다고 주장했다. 그는 지구의 가장 북쪽에 냉대, 그 남쪽에 온대, 열대, 온대 그리고 가장 남쪽에 냉대를 두었다. 그 후 아리스토텔레스는 온대를 북회귀선과 북극권의 사이라고 정의했다. 150년경 그리스 철학자들의 생각을 이어받은 지리학자 프톨레마이오스는 북쪽의 육지에 대응하여 남쪽에도 당연히 육지가 있을 것으로 생각했으며, 이 육지를 '미지의 남쪽 땅'이라고 명명했다.

현재 남극과 북극을 총칭하여 극지라고 부른다. 극지와 거의 같은 의미로 극역(極域)이라는 표현이 사용되기도 한다. 그러면 남극과 북극 혹은 극지, 극역은 지구상에서 정확히 어디를 가리키는 것일까?

북극은 북극점이나 자북극, 더 나아가 북위 66.5° 위쪽의 북극권을 가리키기도 한다. 또 연중 지면이 얼어 있는 툰드라 지대의 북쪽, 삼림한계의 북쪽 또는 가장 따뜻한 달의 평균 기온이 10℃보다 낮은 지역을 북극이라고 하는 정의도 있다.

남극도 마찬가지로 남극점, 자남극, 남극권 등의 의미로 사용된다. 적도로부터 북위 80° 부근까지 육지가 이어져 있는 북반구에 비하여 바다가 대부분을 차지하는 남반구는 북반구처럼 툰드라 지대, 삼림한계, 가장 따뜻한 달을 사용하여 남극 지역을 정의할 수 없다. 그래서 남극 수렴선보다 남쪽을

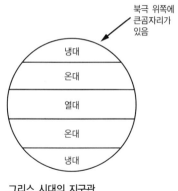

그리스 시대의 지구관

남극으로 일컫기도 한다. 남극 수렴선은 중위도의 온난한 기단과 남극의 한랭한 기단이 만나는 경계이다. 관측선을 타고 남극으로 가다 보면, 어느 날 갑자기 추워지는 때가 있다. 바로 배가 남극 수렴선을 넘은 것이다. 하지만 남극 수렴선은 기단의 경계인 전선(前線)으로 늘 움직이고 있기 때문에 남극의 정의로는 사용할 수 없다.

남극과 북극의 공통적인 정의로서 각각 위도 66.5° 보다 고위도 지역이 사용된다. 이런 지리학적 정의는 지구상에서 보다 명확하게 극지를 가리킨다. 단 보통 북극으로 생각되고 있는 그린란드의 남단이나, 남극으로 여겨지고 있는 남극 반도의 끝은 위도 66.5° 보다 저위도에 놓여 있으므로 엄밀하게는 극지에 포함되지 않는다. 이런 위도 66.5° 보다 저위도 지역을 포함하는 말로서 극역이 사용되고 있다. 그러므로 극역은 극지보다 조금 넓은 범위를 나타낸다고 볼 수 있다.

02

해가 지지 않는 날과 해가 뜨지 않는 날

극지를 위도 66.5°보다 고위도 지역으로 정의하면, 그 땅에는 적어도 일 년에 하루는 '해가 지지 않는 날'과 '해가 뜨지 않는 날'이 나타난다. 해가 지지 않는 날을 '백야', 해가 뜨지 않는 날을 '극야'라고 한다. 백야와 극야 가 존재하는 것이 극지의 가장 큰 특징이다.

태양이 수평선이나 지평선 아래로 떨어져도 희미하게 밝은 상태가 계속되 며 어두워지지 않는 것을 '백야'라고 한다. 그러나 지금은 태양이 떠 있든 없든 관계없이 한밤중이 되어도 밝으면 백야라고 부른다. 해가 떠 있는데 밤 이라고 하면 이상한 이야기 같지만, 이것은 중위도에 사는 우리가 밤이 되면 당연히 어두워진다는 선입관을 갖고 있기 때문이다.

그런데 극지에는 왜 백야와 극야가 생기는 것일까? 그것은 지구 자전축이 태양에 대하여 23.5° 기울어져 있기 때문이다. 이로 인하여 북위 66.5°보다 고위도 지역에서는 적어도 일 년에 하루 이상 여름에는 해가 지지 않고, 또 겨울에는 해가 뜨지 않는 날이 나타난다. 이런 현상은 남위 66.5° 이남 지역 에서도 마찬가지이다.

온종일 해가 뜨지 않거나 해가 지지 않는 날의 수는 고위도일수록 많아진 다. 북극권(북위 66.5°)과 남극권(남위 66.5°) 부근에서는 일 년에 하루 정도, 일본의 쇼와 기지(남위 69°)에서는 약 45일, 북극점과 남극점에서는 반년 정

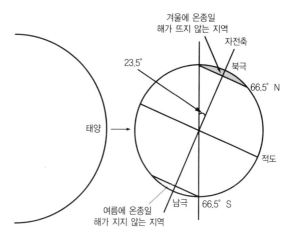

겨울에 온종일
해가 뜨지 않는 지역

자전축

23.5°

북극

66.5° N

태양 →

적도

여름에 온종일
해가 지지 않는 지역

남극

66.5° S

자전축이 태양에 대하여 23.5° 기울어져 있는 지구

도 백야와 극야가 계속된다. 북극점 부근에서는 춘분일 조금 전에 태양이 수평선 위로 나타나며, 추분일 조금 후에 수평선 아래로 떨어진다. 이와 반대로 남극점에서는 북반구의 추분일이 일출, 춘분일이 일몰이 된다. 이때 날짜가 조금 어긋나는 것은 태양이 일정한 크기를 가지고 있고, 또 빛의 굴절 현상이 일어나서 수평선 아래의 태양이 보이기 때문이다. 일출부터 일몰까지를 하루로 정의하면, 양극에는 약 190일의 긴 낮과 약 175일의 긴 밤이 있다.

남극 대륙에 위치하는 대부분의 기지에서는 백야의 계절과 극야의 계절이 나타난다. 그러나 한국의 세종 기지와 중국의 창청 기지가 있는 남셰틀랜드 군도의 킹조지 섬은 남위 62°에 위치하고 있다. 그러므로 남극 기지라고 해도 한여름에도 1~2시간은 해가 져서 어두워지고, 한겨울에도 1~2시간은 해가 떠서 밝다.

03

서쪽에서 해가 뜰 수 있을까

'설사 해가 서쪽에서 뜬다고 할지라도 내가 한 말은 거짓이 아니다'라는 호언장담을 종종 듣곤 한다. 그런데 절대 없을 것이라고 생각한 해가 서쪽에서 뜨는 장소가 지구상에 실제로 존재한다. 바로 극지이다.

북위 90°의 북극점은 어느 방향을 향해도 전부 남쪽이다. 거꾸로 남위 90°의 남극점에서는 어느 쪽을 향해도 전부 북쪽이다. 남북의 양극점은 지리적으로는 북쪽 또는 남쪽 방향밖에 없는 특이한 지점이다. 그러나 극점에서 한 걸음만 떨어져도 그곳에는 동서남북이 있다. 북극점 부근에서는 춘분이 가까워지면 태양이 수평선을 따라 움직인다. 태양이 있는 방향의 수평선이 붉게 물들고 조금씩 밝아지는 동시에 붉은색이 점점 엷어지면서 일출이 가까워진다. 태양이 어느 방향에서 떠오를지는 그때의 자연 조건에 좌우된다. 동쪽에서 태양이 떠오르는가 하면 서쪽, 남쪽, 북쪽 등 360° 모든 방향에서 일출이 일어날 수 있다. 남극점 부근에서도 북반구의 추분이 가까워지면 같은 현상이 일어난다.

일본의 쇼와 기지에서는 매년 6월 1일부터 7월 13~14일까지 40일가량 태양이 뜨지 않는 극야가 나타난다. 태양이 뜨지 않더라도 태양이 북쪽 수평선에 가까워지는 정오 무렵에는 어슴푸레 밝아지므로 온종일 어두운 것은 아니다.

12월 쇼와 기지 서쪽으로부터 지평선에 다가온 태양은 지지 않고 동쪽으로 올라간다. (사노 마사시 촬영)

쇼와 기지가 가장 어두워지는 남반구의 동지 무렵(6월 21일 전후)에도 정오를 중심으로 두세 시간은 어슴푸레 밝아지는데, 이는 옥외에서 신문을 읽거나 사람의 얼굴을 식별할 수 있을 정도이다. 10시쯤부터 밝아져 정오 전후에는 북쪽 수평선이 붉게 물들고, 14시쯤에는 어두워진다. 15시에는 하늘이 온통 별로 덮여 남십자성이 빛나고, 오로라가 보이기 시작한다.

쇼와 기지의 백야는 10월 초순부터 시작하여 2월 하순까지 이어진다. 하지(북반구에서는 동지)인 12월 21일 정오를 막 지난 12시 20분쯤 태양은 정북쪽에 위치하며, 고도는 45.5°로서 일 년을 통틀어 가장 높다. 이후 태양은 서쪽으로 이동하면서 고도가 낮아지는데, 18시쯤에는 정서쪽에 그리고 다시 남쪽으로 이동하여 한밤중인 0시 20분쯤 정남쪽에 위치한다. 이때 고도는 2.5°로서 가장 낮다. 이곳에서 동쪽으로 이동하면서 고도가 다시 높아지며, 6시에는 정동쪽에 위치한다. 이후 동쪽에서 북쪽을 거쳐 다시 서쪽으로 이동한다. 이렇게 남극이나 북극에서는 태양이 서쪽에서 동쪽으로 이동하는 것을 볼 수 있는 계절도 있다.

04

극이란 무엇일까

    '극' 이란 무엇이며, 어디에 있을까? 극지에는 그야말로 여러 종류의 극이 집중되어 있다. 북극점과 남극점은 지구 자전축이 지표면과 교차하는 지점으로서 지리학적 극점이다. 지구상의 위치는 위도와 경도로 표시하는데, 북극점은 북위 90°, 남극점은 남위 90°의 위도로밖에 표시할 수 없는 특이한 장소이다. 태양은 온종일 같은 높이를 돌고 있다. 북극점은 북극해의 해빙 위에 위치하며, 때로는 해빙이 부서져 수면이 드러나기도 한다. 남극점은 남극 대륙 내륙의 빙원에 위치한다. 표고는 2,800m이며, 그 밑의 얼음 두께는 2,700m나 된다. 미국은 1956년부터 아문센–스콧 남극점 기지를 설치하고, 연중 관측 대원을 상주시키고 있다.

    자북극과 자남극은 자석의 양극이다. 북자극과 남자극이라고도 부르며, 자침이 수직이 되는, 즉 자석의 복각(伏角)이 90°가 되는 지점이다. 2001년도 관측에 따르면, 그 위치는 각각 북위 81.3°, 서경 110.8° 및 남위 64.7°, 동경 138.0°이다. 두 자극 모두 발견된 이후 계속 북쪽으로 서서히 이동하고 있으며, 현재 자북극은 캐나다 북쪽의 패리 제도에, 자남극은 아델리랜드 앞 바다에 위치하고 있다.

    세 번째 극은 자축극으로 불리는 극이다. 지구 자기장은 쌍극자 자기장이라고 부르는 하나의 큰 막대자석이 중심에 있는 것으로 가정하고 있다. 지구상의 여러 지점에서 지자기의 세기를 측정하고, 측정한 지자기의 분포와 가장 잘 일치하는 막대자석의 S극과 N극이 지구 표면과 교차하는 지점이 바로 북자축극과 남자축극이다. 가상의 극이지만, 지구 자기장의 자기력선은 이 두 지점으로 수렴하므로 지자기 북극과 지자기 남극이

남극에 존재하는 네 개의 극

라고도 부른다. 북자축극은 북위 79.5°, 서경 71.6°, 남자축극은 남위 79.5°, 동경 108.4°에 각각 위치한다.

남극에는 '도달 곤란한 극'으로 불리는 네 번째 극도 있다. 이 극은 남극 대륙의 모든 해안선으로부터 가장 멀리 떨어져 있는 지점으로 정의한다. 위치는 남위 82°, 동경 75°를 중심으로 한 남극 내륙의 빙원 일대로서, 표고가 4,000m를 넘어 남극 대륙의 지붕이라고 부를 수 있는 지역이다. 표고가 높은 데다가 최저 기온이 종종 −80℃를 기록하는, 남극 대륙뿐만 아니라 지구 상에서 가장 자연 조건이 혹독한 지역이다. 이 극은 처음에는 '도달 불가능한 극(Pole of Inaccessibility)'이라고 이름이 붙여졌으나, 1957년 국제지구 물리관측년에 구소련이 기지를 설치했기 때문에 '불가능'이 아니라 '곤란'으로 불리게 되었다.

05

육지와 바다라는 양극의 큰 차이

    남극과 북극은 같은 극지에 위치하므로 두 지역에서 같은 자연 현상을 볼 수 있는 반면에 큰 차이도 있다. 북극의 중심은 북극해라는 바다이며, 남극의 중심은 남극 대륙이라는 육지이다. 바다와 육지라는 비대칭적인 모습이 남극과 북극 각각의 특징을 나타낸다.

    많은 지구본은 위쪽이 북극으로 되어 있다. 그러면 그 지구본에는 북극해라는 오목 지형이 위쪽에, 남극 대륙이라는 볼록 지형이 아래쪽에 있게 된다. 남극 대륙이 마치 오뚝이의 추처럼 지구 바닥에 달라붙어 있다. 지구 표면만 놓고 보면, 우주 공간에서 고속으로 회전하고 있는 지구라는 팽이를 안정시키는 추와 같다. 그러나 남극 대륙의 볼록함은 지구 전체적으로 보면 무시할 수 있을 정도의 적은 무게이므로 추의 역할을 하는 것은 아니며, 또 그럴 필요도 없다.

    북극해는 유라시아 대륙, 북아메리카 대륙 및 그린란드로 둘러싸인 내해이다. 태평양으로는 베링 해협, 대서양으로는 프람 해협을 통하여 연결되며, 면적은 약 1,400만km²이다. 북극해 면적의 40%는 깊이 400m 이하의 얕은 바다로서, 빙하 시대에는 현재보다도 해수면이 낮았기 때문에 북극해는 훨씬 좁은 내해였다.

    북극해 해수면은 연중 수 미터 두께의 해빙으로 덮여 있다. 대부분의 해빙

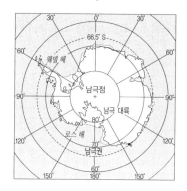

북극과 남극의 개념도

은 북극해 안에 갇혀 있지만 프람 해협을 지나 대서양으로도 흘러나간다. 북극의 빙산은 주로 그린란드 서안에서 만들어지며, 북극해 가운데는 오히려 적다.

남극 대륙은 태평양, 대서양, 인도양의 세계 3대양이 모인 지구상에서 가장 넓은 해역의 중심에 위치하고 있다. 가장 가까운 남아메리카 대륙과도 1,000km 이상 떨어져 있는 지구상 유일의 고립된 대륙이다. 대륙 연안에 발달한 빙붕(氷棚)까지 포함하면 남극 대륙의 면적은 약 1,400만km²로서 북극해 면적과 같다. 지구 위쪽의 오목 지형과 아래쪽 볼록 지형의 면적이 똑같다는 것도 참으로 신기하다.

남극 대륙은 95%를 넘는 지역이 평균 2,450m 두께의 얼음으로 덮여 있다. 설빙면의 평균 표고는 2,300m이므로 지구상에서 평균 표고가 가장 높은 대륙이다. 얼음으로 덮여 있는 면적만으로도 1,205만km²나 되므로 가히 '얼음의 대륙'이라고 부를 만하다.

06

남극과 북극에는 어떤 차이가 있을까

남극과 북극은 같은 극지지만 여러 차이점이 있다. 그 가운데 가장 큰 차이는 육지와 바다라는 점이다. 북반구는 육지와 바다의 면적비가 2:3이다. 그러나 북위 70° 이북만 놓고 보면 1:3, 80° 이북이라면 1:9가 되므로 중·저위도에 비하여 바다의 비율이 높다. 한편, 남반구는 육지와 바다의 면적비가 1:4이므로 북반구보다 바다가 차지하는 비율이 높다. 그러나 남위 70° 이남으로 한정하면 4:1로 오히려 육지의 비율이 높다. 남위 80° 이남이라면 육지가 100%로서 바다는 존재하지 않는다.

고위도 지역의 바다에는 해빙이 발달하지만 해빙 아래에는 물이 존재한다. 해수의 빙점은 −1.9℃이므로 북극해에는 해수의 빙점보다 높은 수온의 물이 있는 셈이다. 바깥 온도가 −30℃가 되더라도 바다에는 그보다 훨씬 따뜻한 해수가 흐른다. 수십 도의 온도차 때문에 해빙이 부서져 해수면이 드러나면, 그곳에서는 수증기가 솟아오른다. 해수가 있기 때문에 북극은 남극만큼 추워지지 않는다.

남극 대륙에는 평균 두께가 2,000m가 넘는 빙상(氷床)이 존재한다. 육지를 덮고 있는 이 거대한 빙괴는 얼마든지 냉각될 수 있다. 남극 대륙에서 관측된 최저 기온은 −80℃를 넘으며, 이런 저온은 거대한 빙괴에 그 원인이 있다. 거대한 빙괴는 지구의 냉원(冷源)으로서 지구를 식히고 있다.

2,000m가 넘는 빙상은 그 두께만큼 남극 대륙의 표고를 높이고 있다. 남극 대륙의 평균 표고는 약 2,300m이다. 세계의 지붕으로 불리는 히말라야 산맥이 위치한 아시아 대륙의 평균 표고가 900m 정도인 것을 고려하면, 남극 대륙은 전 세계 모든 대륙 가운데서도 표고가 단연 높은 대륙이다.

빙상은 냉원으로 작용하는 동시에 하중으로도 작용한다. 남극 대륙의 지각은 빙상의 존재로 인하여 수백 미터 정도 맨틀 속으로 가라앉아 있다고 생각할 수 있다. 남극 대륙의 기반암 표면이 해수면보다 낮은 지역이 빙상 아래 상당히 넓게 분포하고 있다. 해수면보다 1,000m나 낮은 지역도 있다. 그러나 빙상이 녹아서 사라지면 하중이 제거되므로 대륙은 조금씩 상승하게 된다.

지구 표면에서 바다인 북극의 오목 모양 대 육지인 남극의 볼록 모양의 비대칭은 양극에서의 빙상의 존재와 기온의 차이를 가져오고 있다.

위도	백분율(%)	
	육지	해양
90°~80°N	10	90
80~70	27	73
70~60	71	29
60~30	50	50
30~0	29	71
90°~0°N	39	61
0°~30°S	23	77
30~60	6	94
60~70	9	91
70~80	73	27
80~90	100	0
0°~90°S	19	81

세계의 위도대별 수륙 면적비

07

남반구의 하늘에는 별의 수도 적을까

흔히 남반구는 북반구에 비하여 무엇이든지 적다고 하는데, 과연 정말일까? 지구 표면은 30%의 육지와 70%의 바다로 나눌 수 있다. 육지의 2/3는 북반구에 있으며, 남반구는 북반구의 반밖에 되지 않는다. 인간은 육지에 사는 동물이며 대부분의 활동은 육지에서 이루어진다. 이런 인간의 관점으로 비교하면, 활동의 장으로서 육지가 반밖에 없는 남반구가 빈약하게 보이는 것은 당연하다.

그러나 북반구에 많은 것은 육지뿐이다. 그 밖의 비교 항목은 해석하기 나름으로서, 남반구는 결코 북반구보다 빈약한 지역이 아니다.

지구는 거의 둥근 구이므로 적도를 기준으로 대칭적이다. 북반구와 남반구는 같은 크기와 모양의 반구이다. 그러나 실제 지구를 자세히 들여다보면 완벽한 대칭은 아니다. 마치 진흙으로 만들어진 지구를 거인이 주먹으로 내리누른 듯이 북극점 주변은 오목하게 들어가 있고, 아래쪽으로 진흙이 밀려나온 것처럼 남극점 주변은 솟아올라 있다. 바로 북극해와 남극 대륙이다. 동반구와 서반구의 육지 분포도 다른 것처럼 보인다. 세밀하게 지구를 관찰하면 이런 비대칭성을 얼마든지 찾을 수 있다.

그러나 북반구 쪽이 육지가 많은 만큼 인간을 비롯한 동식물의 활동은 더 활발하다. 국가의 수도 많고, 인구의 분포도 북반구에 치우쳐 있다. 산업도

더 발달했으며, 생산
량과 판매량도 남반구
와 큰 차이를 보이고
있다. 동식물의 종류
와 수도 북반구가 압
도적으로 많다. 이런
시점이라면 분명히 남
반구는 빈약한 반구이
다. 무엇이든지 수가
적다. 그러나 이것은

일본 쇼와 기지 상공의 남십자성(중앙의 마름모꼴 별자리)

지구를 미시적으로 봤을 때의 경우이며, 거시적으로 본다면 두 반구는 성질
이 거의 같다고 할 수 있다. 예를 들어 해양 자원의 경우라면 거꾸로 남반구
가 풍요로운 반구로 보인다.

그런데 남반구 특히 남극 하늘에는 별도 적다는 것이 사실일까? 남극 상
공은 확실히 밝은 별의 수가 적고 전체적으로 어둡다. 남십자성은 많은 사람
들이 보고 싶어 하는 별자리의 하나이다. 사진에 보이듯이 마름모꼴의 한 변
에 조금 어두운 별이 있는 것이 특징이다. 만약 남십자성이 북쪽 하늘에 있
다면 다른 밝은 별자리에 가려져서 찾기 어려울 것이다. 그러면 남반구에는
왜 별이 적을까? 틀림없이 우주의 별 분포가 균일하지 않은 탓이겠지만, 이
문제는 남쪽 하늘에 별의 수가 적다는 관찰 그 자체부터 다시 생각할 필요가
있다. 여하튼 별의 수는 우주의 문제로서 지구의 북반구와 남반구 혹은 육지
분포와는 다른 차원의 이야기이다.

08

남극 관측은 언제부터 시작되었을까

일본에서 '남극 관측'이라는 말은 언제부터 사용하게 되었을까? 1957년 7월부터 1958년 12월까지 실시한 국제지구물리관측년(International Geophysical Year)의 주요 항목이었던 남극 관측에 참가 의사를 밝히면서부터이다. 국제지구물리관측년은 1882년과 1932년에 실시한 두 번의 국제극관측년(International Polar Year)에 이어서 각국이 공동으로 지구과학 분야의 여러 현상을 관측하려고 한 시도이다.

기상, 지자기, 지진 등 지구물리학적 현상의 조사와 연구는 미국이나 러시아, 중국처럼 광대한 영토를 가지고 있는 국가일지라도 자국의 데이터만으로는 충분하지 않다. 그래서 각국이 협력하여 집중적인 관측을 실시한 것이 제1회 국제극관측년으로서, 12개국이 참가하여 중위도 지역 34개 지점, 북극역 13개 지점, 남극역 1개 지점에서 오로라, 지자기, 기상 등의 관측을 일년간 실시했다. 그 후 50년이 지나 다시 실시한 2회 국제극관측년에는 44개국이 참가했다.

제2차 세계 대전을 겪으면서 세계의 과학 기술은 급속하게 진보했으며, 지구에 관한 연구도 그 기술을 이용함으로써 현저하게 발전했다. 양극 지역을 포함한 지구물리학 연구는 50년 후로 예정되어 있던 제3회 국제극관측년을 기다리지 못하고 25년 후에 실시하게 되었다. 명칭도 국제지구물리관측년으로 변경했으며, 극지뿐만 아니라 전 지구상에서 지구물리학적 관측을 일 년 반에 걸쳐 각국이 공동으로 추진했다.

국제지구물리관측년의 계획이 검토되던 1950년대 전반, 남극 대륙은 아직 미지의 대륙이었다. 얼음 두께가 2,000m를 넘는 지역이 있고, 화산과 석탄, 오래된 지층이 존재한다는 정도는 알려져 있었으나 해안선의 윤곽도 40%는 분명하지 않았으며, 지형도도 거의 없었다. 그래서 국제지구물리관측년의 주요 항목의 하나로 남극 관측을 실시하게 되었으며, 이 관측에는 12개국이 참가했다. 기상, 오로라, 지자기, 지진 등 지구물리학 여러 분야의 공동 관측을 중심으로 남극 대륙과 그 주변 그리고 아남극권의 섬들에 약 60개의 기지가 세워졌다.

국제지구물리관측년의 남극 관측은 지구물리학 각 분야에서 큰 성과를 올렸다. 각국의 과학자들은 국제지구물리관측년의 성과가 평화로운 환경 가운데서 실시된 국제적인 공동 관측의 결과임을 통감했다. 그래서 과학자들의 요망이 받아들여져 남극 조약이 체결되었으며, 각국의 남극 관측도 임시 체제에서 영구 체제로 정비되어 계속 수행하게 되었다. 남극 조약으로 인하여 남극 관측이 흔들리지 않게 되자 참가하는 국가도 늘었다.

그러면 북극 관측의 경우는 어떨까? 남극과 북극의 큰 차이는 영토권 문제이다. 남극 대륙은 영토권을 주장하는 지역일지라도 원주민은 없으며, 어느 나라에도 속하지 않는 영역도 광대하다. 그러나 북극의 육지는 모두 어딘가의 나라에 속하고 있으며, 실제로 사람이 살고 있는 장소도 있다. 북극에서 남극처럼 대규모의 관측이 조직되지 않은 것은 북극의 육지에는 영토권이 있어 남극처럼 아무 곳에나 자유롭게 관측 기지를 세울 수 없기 때문이다.

09

일본 쇼와 기지의 역사

　쇼와 기지는 언제 그리고 왜 건설되었을까? 국제지구물리관측년의 주요 항목이 된 남극 관측에 일본이 참가 의사를 밝힌 것은 1955년 9월이었으며, 그 무렵 참가하기로 결정한 10개국은 기지를 세울 장소를 대부분 정하고 있었다. 일본은 남극 대륙에 상륙할 수 있는 장소로 거리가 가까운 어데어 곶을 희망했지만, 결국 대륙 연안이라는 조건을 만족한 프린세스 란힐드 해안에서 관측에 참가하기로 결정했다.

　프린세스 란힐드 해안 일대는 1937년 노르웨이의 조사대가 수상 비행기를 띄워 항공사진을 촬영하고, 눈에 띄는 섬들과 노암 지대에 이름을 붙였다. 그래서 뤼초홀름 만, 옹굴 섬 등 노르웨이 어로 이름이 붙은 지역이기는 하지만 전인미답의 땅이었다. 1956년 일본 남극 관측대는 이곳을 향하여 관측선 '소야' 호로 출항했다. 1957년 1월 29일 옹굴 섬(현재의 서옹굴 섬)에서 상륙식을 거행했으며, 이곳에 관측과 조사의 거점으로 월동 기지를 건설하기로 정하고 '쇼와 기지' 라고 명명했다.

　다음 날부터 기지 건설은 급속도로 진척되었지만, 상륙식을 거행한 지점은 건설 자재를 수송하기에는 배로부터 거리가 너무 멀었다. 그리하여 북쪽의 평탄지(현재의 동옹굴 섬)에 기지를 세우게 되었다. 얼음 위로 수송된 발전기를 해안에서 육상으로 인력으로 나르고, 더 이상은 운반하는 것이 무리라고 판단되는 지점에 설치했다. 기지의 심장부라고 할 만한 발전기의 위치가 정해지자 그 곳을 중심으로 세 동의 건물이 세워지고 1차 월동이 가능하게 되었다.

1980년대의 일본 쇼와 기지

2차 월동은 두꺼운 해 빙에 막혀 자재를 운반하지 못한 데다 당시 기지가 1차 월동대만 겨우 수용할 수 있는 상황이었기 때문에 그해 월동은 중지되었다. 이듬해 3차 월동대가 쇼와 기지에 도착하자 1차 월동대가 기지에 남겨 두었던 15마리의 사할린개 가운데 타로와 지로가 살아남아 큰 화제가 되었으며, 이런 사실은 몇 년 뒤에 영화로도 만들어졌다. 4차와 5차 월동이 이루어진 다음 1962년 2월 6차 월동대에 의하여 쇼와 기지는 폐쇄되었다. 이는 일본의 남극 관측이 어디까지나 국제지구물리관측년의 임시 체제였기 때문이다.

1966년 쇼와 기지는 7차 월동대에 의하여 재개되었다. 새 쇄빙선 '후지'의 투입으로 수송력이 증가되어 기지의 설비와 관측은 한층 향상되었다. 1984년 다시 대형 쇄빙선 '시라세'가 취항하면서 일본의 남극 관측은 더욱 충실해졌다. 일본 국내에서는 1973년 국립극지연구소가 창설되어 남극 관측의 중추 기관으로 기능함과 동시에 남극에서 획득한 데이터를 관리하고 국내외 공동 연구를 수행하는 역할도 맡게 되었다.

10

남극 관측 사상 3대 발견

남극 관측이 시작된 지 50년, 남극에서 얻은 데이터를 사용한 연구로 설빙학과 초고층물리학 등의 분야가 크게 진보했다. 연구를 위하여 관측을 계속하는 것이므로 새로운 사실을 얻게 되는 것은 당연하다고 할 수 있다.

예를 들면, 1950년대에 작성된 지진학 교과서에는 '남극에는 화산성 지진 이외의 지진은 발생하지 않는다.' 라고 되어 있다. 그러나 남극 대륙에서도 수년에 한 번 정도의 빈도로 매그니튜드 4의 지진이 일어나고 있으며, 남극 대륙 400km 앞바다에서 매그니튜드 8의 거대 지진이 일어났던 사실 등이 알려지면서 지진학 교과서를 다시 쓰고 있다. 이런 새로운 발견은 남극에서 지진 관측을 계속한 결과 얻어진 것이므로 당연한 성과라고 할 수 있다.

그런데 누구도 예상하지 못한 발견이 있었다. 바로 '남극 운석', '오존홀' 그리고 '보스토크 호의 발견' 으로서, 이들은 남극 관측 사상 3대 발견으로 평가되고 있다. 전혀 예상하지 못했던 발견일 뿐만 아니라 그 발견을 계기로 각각의 학문 분야가 크게 발전했기 때문이다.

남극에서 1960년경까지 4개의 운석이 우연히 발견되었다. 그리고 1969년 12월 일본 월동대는 야마토 산맥의 푸른빛을 띠는 블루 아이스 지역에서 9개의 운석을 발견했다. 이 운석은 야마토 산맥 부근에서 발견되었기 때문에 '야마토 운석' 으로 명명되었다. 곧바로 미국은 남극 운석 탐사법을 배우기 위하여 일본과 공동 연구를 시작했다. 뉴질랜드와 독일 등도 본격적으로 운석 탐사를 실시했다. 그 결과 남극 대륙에서 전부 2만 개에 달하는 운석이 발견되어 우주과학 연구에 귀중한 자료가 되고 있다.

1982년 10월 쇼와 기지의 오존량이 30%나 급격하게 감소했음이 관측되었다. 이것은 충격적인 이상 현상이었지만 당시에는 관측 결과만을 그대로 발표했다. 그런데 1985년 10월 영국의 핼리베이 기지에서도 오존량의 감소가 관측되었다고 보고되자 곧바로 사람들의 관심을 끌게 되었다. 그리고 오존홀이라는 현상의 출현 과정에 대한 연구를 통하여 대기과학과 환경과학이 크게 발전했다.

보스토크 호는 러시아의 보스토크 기지 부근 빙상 아래에 감추어져 있는 호수이다. 1960년대부터 호수의 존재 가능성이 언급되어 왔는데, 러시아와 영국의 설빙학자들이 1960년대에 실시한 인공 지진과 아이스 레이더의 데이터에 대한 검토를 거듭한 결과 호수의 존재를 확인하게 되었다. 그리고 1994년 8월 로마에서 열린 제23회 남극과학연구위원회(SCAR)에서 그 결과가 보고되었다. 남극 전문가들의 모임임에도 이 보고를 들은 출석자 전원이 크게 놀랐다고 한다.

11 | 남극 관측이 계속되는 이유

　국제 협력을 통한 남극 관측이 시작된 지 반세기가 경과한 지금, 미지의 대륙 모습은 거의 해명되었다고 해도 과언이 아니다. 두께 2,000m가 넘는 얼음이 존재하는 지역이 있을 것이라는 추정을 넘어 가장 두꺼운 빙상은 4,000m가 넘는다는 사실이 알려졌다. 또 지구상에 분포하는 얼음의 90%가 남극에 존재한다는 것도 밝혀졌다. 남극 대륙 전체 그리고 대부분의 노암 지대에 대한 지형도도 완성되었다. 인류는 드디어 남극의 전모를 알게 된 것이다.

　그러나 남극 대륙의 모습이 해명되었음에도 불구하고 남극 관측에 참가하는 나라는 줄지 않고 오히려 늘고 있다. 국제지구물리관측년으로 남극 관측에 참가한 나라는 12개국이었지만, 2003년 현재 월동 관측을 하고 있는 나라는 17개국이며, 여름에만 기지를 보유하고 있는 나라도 5개국으로 늘어났다. 왜 남극 관측은 계속되고 있을까? 여기에는 세 가지 이유가 있다.

　첫째, 지구상의 한 관측점으로서 기상, 지진 등의 관측을 계속할 필요가 있다. 일기 예보의 정확도 향상과 지진의 정확한 진원을 찾기 위해서는 남극 대륙 및 주변 섬들에서의 관측이 매우 중요하다.

　둘째, 남극이 아니면 할 수 없는 관측과 연구가 있다. 오로라 관측, 빙상 연구, 펭귄과 바다표범 연구 등은 중위도 지역에서는 불가능하다. 일본은 쇼

일본 쇼와 기지의 관리동
(야마시타 미키야 촬영)

와 기지에서 오로라를 계속 관측함으로써 초고층물리학의 발전에 크게 기여하고 있다. 빙하와 빙상 연구도 마찬가지이다.

셋째, 남극 자체의 조사와 연구 때문이다. 남극 대륙의 두꺼운 베일은 분명히 벗겨졌지만 아직도 풀어야 할 문제와 미지의 현상이 남아 있으므로 계속적인 관측과 조사가 필요하다. 또 남극의 환경이 장기적으로 어떻게 변화할지 감시할 필요도 있다. 각국의 관측대가 남극 빙상의 굴착을 계속하고 있는 것도 이 때문이다.

이렇게 과학자들은 지구에서 차지하는 남극의 중요성을 충분히 이해하고 남극 관측을 계속하고 있다. 남극은 남극 조약을 준수하는 과학 활동에 한해서는 자유가 보장되는 '정치적 낙원'이다. 각국은 남극의 관측 기지를 유지하기 위하여 많은 인력과 자금을 투입하고 있으며, 인류의 지적 재산을 얻기 위하여 계속 노력하고 있다. 20세기에 시작된 남극 관측은 21세기에도 국제적인 협력하에 같은 모습으로 계속될 것이다. 인류에게는 남극 대륙이 관측 기지만이 존재하는 지구상 유일한 과학의 대륙으로 남는 것이 무엇보다도 중요하다.

12

얼음 위로 솟아오른 운석, 남극 운석

남극 대륙의 얼음 표면에는 왜 운석이 나타날까? 이야기는 최초의 인공위성 발사 성공으로 우주 원년이라고 부르는 1969년으로 거슬러 올라간다. 이 해에는 우주과학과 지구과학을 크게 발전시킨 세 가지 사건이 일어났다.

첫 번째 사건으로, 2월 8일 멕시코의 아옌데에 커다란 운석이 떨어졌다. 이 운석은 훗날 '아옌데 운석'으로 명명되었다. 무게가 무려 수 톤에 이르는 이 운석은 국제적인 협력하에 집중적으로 연구되었으며, 운석학이 비약적으로 발전하는 계기가 되었다. 두 번째 사건으로, 7월 20일 미국의 아폴로 11호가 달에 도착하여 인류가 처음으로 달 표면에 발자국을 남겼으며, 달의 암석을 채집하여 지구로 돌아왔다. 더욱이 11월 19일에는 아폴로 12호도 달 착륙에 성공했다. 세 번째 사건은 12월 21일, 22일 그리고 26일 야마토 산맥 주변의 블루 아이스 지역에서 빙상을 조사하고 있던 일본 남극 관측대가 9개의 운석을 발견했다. 이 발견은 그 후 수많은 남극 운석을 발견하는 계기가 되었다.

아폴로 계획으로 달의 암석이 채집되기 전까지 운석은 인류가 손에 넣을 수 있는 유일한 지구 밖 물질이었다. 운석 연구는 행성의 형성 과정과 우주의 창조 과정에 대한 해명 등 지구과학과 우주과학의 발전에 크게 공헌해 왔다.

1960년대까지 일본이 보유하고 있던 운석의 수는 20여 개였다. 야마토 산맥 주변에서 운석을 발견하고 5년이 지난 1974년부터 일본 월동대는 본격적인 운석 탐사를 개시했다. 탐사는 야마토 산맥 이외에 남극횡단 산맥에

야마토 운석 탐사 (이마에 나오야 촬영)

서도 미국과 공동으로 이루어졌다. 그리고 오늘날 일본 월동대가 채집해서 보유하고 있는 운석은 수천 개에 달하며, 일본은 세계 제일의 운석 보유국이 되었다. 야마토 산맥 부근에서 채집된 운석은 '야마토 운석', 남극에서 채집된 운석은 '남극 운석'으로 총칭하고 있다.

남극에서 다량의 운석이 발견되는 것은 다음과 같은 집적 과정에 의한 것으로 생각되고 있다. 운석은 지구상에 거의 같은 비율로 떨어지지만 남극 빙상 위에 떨어진 운석은 빙상 안으로 매몰되고 그 안에 갇힌 채 대륙 가장자리로 운반된다. 대부분의 빙상은 빙산이 되어 유출되지만 유동하는 빙상이 산맥에 부딪치면 빙상 전체가 산의 사면을 따라 올라가고, 그곳에서 바람에 침식되거나 승화하여 소모된다. 빙상이 소모되어 가는 과정에서 갇혀 있던 운석이 빙상 표면에 나타나, 결과적으로 다른 시기에 남극 대륙 여기저기에 떨어진 운석이 특정 장소로 모이게 된다.

13

지구의 자극

    지구를 하나의 자석이라고 하는데, 어떤 모습의 자석일까? 지구 자기장은 지구의 거의 중심에서 자전축에 대하여 약 11° 기울어져 있는 막대자석으로 표현된다. 이것을 자기쌍극자(magnetic dipole)에 의한 쌍극자 자기장이라고 부른다. 단 남극은 N극, 북극은 S극이 되고, 자기력선의 방향은 남쪽에서 북쪽으로 향하며, 남극에서는 거의 위쪽으로, 반대로 북극에서는 아래쪽으로 향하고 있다.

    자기장의 주성분은 지구 내부를 흐르는 전류에 의하여 만들어지며, 단순한 쌍극자 자기장에 장소에 따른 이상(異常)과 시간적 변동 요인이 더해진다. 지구 자기장을 기술하기 위한 보다 엄밀한 수학적 모델로 국제표준지구 자기장모델(IGRF)이 있다.

    지구 자기장을 지자기라고도 부른다. 도쿄 근방에서 지자기의 강도(자속밀도)는 전 자기력이 46,000nT(나노테슬라)이며, 그 방향은 수평면에서 아래로 향한 복각이 50°, 진북에서 서쪽을 향한 편각이 대략 6°이다. 일반적으로 극 지역에서는 편각이 크기 때문에 나침반으로 방향을 조사할 때는 장소에 따라 자북이 진북에서 크게 벗어나 있는 것에 주의할 필요가 있다.

    지자기에는 일변화가 나타나며, 이는 상공의 전리층을 흐르는 전류 때문이다. 극지방에서는 특히 강한 오로라가 발생하면 수백 나노테슬라의 변동이 생긴다.

지자기의 남극과 북극에는 두 가지가 있다. 하나는 단순한 쌍극자로서 근사화시켰을 때의 남북극으로 자축극이라고 한다. 다른 하나는 실제로 수평 성분이 제로가 되고 자기장 방향이 연직이 되는 자극이다. 즉 나침반이 가리키는 남

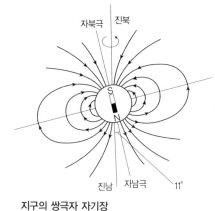

지구의 쌍극자 자기장

극과 북극이다. 자축극으로부터 지자기의 위도와 경도가 정해진다. 2000년도 국제표준지구자기장모델에 따르면 북자축극은 북위 79.5°, 서경 71.6°에, 남자축극은 남위 79.5°, 동경 108.4°에 위치한다.

자극의 측정은 지구 내부의 전류에 기인하는 자기장의 수평방향 값이 제로가 되는 지점을 정하는 것으로서, 현재 자북극은 북극해에, 자남극은 남극해에 위치한다. 북극의 경우 비행기가 해빙 위에 안전하게 착륙하여 작업이 가능한 4월 하순에서 5월 초 이외에는 측정할 수 없다. 2001년 캐나다 등에 의한 조사에서 자북극은 북위 81.3°, 서경 110.8°로 결정되었으며, 매년 40km씩 북쪽으로 이동하는 것으로 알려져 있다. 2001년 관측에 따르면 자남극의 위치는 남극 대륙을 조금 벗어난 남위 64.7°, 동경 138.0°의 해상이다.

지자기의 세기는 지난 수백 년간 감소하고 있으며, 이것이 일시적인 현상으로서 다시 회복될지 여부는 아직 모르고 있다.

14

어디까지 하늘이고 어디까지 지구일까

　우주 공간에 떠 있는 작은 물의 행성으로 불리는 지구는 어떤 모습을 하고 있고, 또 어디까지를 지구라고 할 수 있을까? 지구는 우주 공간에서 팽이처럼 고속으로 회전하며 태양 주위를 돌고 있다. 회전하고 있는 단단한 구체 부분을 고체 지구라고 한다. 고체 지구의 표면을 감싸듯이 존재하며 회전하고 있는 공기층 또한 지구의 일부이다. 또 그 바깥으로는 고체 지구의 영향을 받는 가장 먼 공간인 자기권으로 불리는 영역이 있으며, 우주 공간에서는 이 자기권까지를 지구라고 한다(단 지구의 인력은 멀리 떨어진 천체에도 영향을 주고 있다).

　고체 지구의 반경은 6,370km이며, 자기권은 반경만으로도 그 백 배 정도에 이르는 큰 영역이다. 이렇게 대기권이나 자기권까지 포함하여 지구의 구조를 생각하기 위해서는 권(sphere)이라는 개념이 중요하다. 권은 둥근 모습이며, 지구는 양파 껍질처럼 여러 개의 권이 겹쳐져 구성되어 있다.

　지구의 가장 바깥쪽 껍질이라고 할 수 있는 것이 자기권이다. 자기권은 태양풍의 영향을 받아 태양 쪽, 즉 고체 지구의 낮 영역에서는 압축되고, 반대쪽은 혜성의 꼬리처럼 길게 늘어져 일그러진 모양을 하고 있다. 고체 지구는 커다란 자석이므로 자기권의 양극에 지구 자기장의 자기력선이 집중하고 있다. 그러므로 남극과 북극은 자기권 연구를 위한 주요 지역이 된다.

자기권 안쪽으로 지구 표면까지의 층을 대기권이라고 한다. 대기권의 두께는 30,000km 정도이며, 수백 킬로미터 위쪽의 대기권 최상층부를 외기권이라고 한다. 대기권은 그곳에 존재하는 기체 분자의 밀도와 온도, 전기적 성질에 근거하여 열권(고도 80~700 km), 중간권(50~80km), 성층권 (10~50km), 대류권(지상으로부

지구의 구조

자기권	열권 (80~700km)	플라스마권 전리권 (80~700km)
	중간권 (50~80km)	
대기권	성층권 (10~50km)	
	대류권 (0~10km)	생물권
수권	설빙권	
지구권	리소스피어(암석권) 아스세노스피어(연약권)	

권의 개념으로 나타낸 지구의 구조

터 10km까지)으로 구분된다. 열권 같은 영역은 전기적 성질 때문에 전리권이나 전리층이라고도 부르며 오로라의 무대가 된다.

지구 표면에서 물이 차지하는 영역을 수권이라고 한다. 그 영역은 주로 해양이지만 육상의 하천과 호소도 포함된다. 물이 동결된 상태로 존재하는 영역은 설빙권이라고 한다. 대류권에 존재하는 수증기와 빙정핵, 수권의 물, 설빙권의 얼음과 눈은 각각의 권내에서 일어나는 물질 교환을 포함하여 여러 가지 관계를 만들고 있다.

대기권 안쪽의 고체 지구를 통틀어 지구권이라고 부르며 그 표면 부근에는 수권, 대류권 그리고 설빙권도 존재하므로 복잡한 지구 시스템을 형성한다.

지구 표면을 중심으로 상공으로 수천 킬로미터, 바다 속으로도 수천 미터에 걸쳐 전개되고 있는 생명 현상을 포괄하는 영역을 생물권, 생명권 또는 생태권이라고 부른다.

15

자기권의 세계

　지구의 가장 바깥쪽에 위치하는 자기권은 어떤 세계일까? 자기권은 지구를 둘러싸고 있는 베일이라고 할 수 있다. 태양으로부터 오는 강력한 에너지로부터 지구를 지키고 있는 것이 지구 자기장이며, 이 지구 자기장이 만드는 영역을 자기권이라고 한다.

　태양은 유효온도 5,780K의 고온에서 끊임없이 에너지를 방출하고 있다. 가시광선 파장역에 극대치를 가지고 있는 이 열복사를 통하여 지구에는 태양상수로 알려진 매분 $1.96cal/cm^2$의 열에너지가 유입되고 있다. 그리고 이산화탄소 등 온실기체의 존재로 인하여 지구 온도는 290K 전후로 유지되고 있다. 태양으로부터는 이외에도 100만K에 달하는 고온의 플라스마류, 즉 태양풍이라고 불리는 입자류가 분출되고 있으며, 초속 수백 킬로미터의 속도로 지구로 밀려오고 있다. 그러나 지구에 도달하는 에너지는 열복사의 일만 분의 일 이하이다. 태양풍은 태양 자기장을 동반하며, 지구 자기장과 상호 작용하여 오로라와 자기폭풍 등 여러 흥미로운 현상을 일으키고 있다.

　지구는 본래 자기장을 가지고 있다. 지구 자기장의 장벽에 고속의 태양풍이 부딪치면 태양 쪽(낮 영역)에는 음속을 넘어 비행하는 콩코드 여객기와 만난 것 같은 강한 불연속성을 지닌 충격파면이 생기고 자기력선은 압축된다. 태양 쪽 경계까지의 거리는 대략 지구 반경의 열 배 정도이다. 낮 영역으로 향한 자기력선과 밤 영역으로 향한 자기력선의 경계역이 자기 위도 75° 부근의 고위도에서 아래로 뾰족한 커스프(cusp)라고 부르는 배위(配位)가 된다. 이 영역에서는 태양풍 플라스마가 지구 자기장의 장벽을

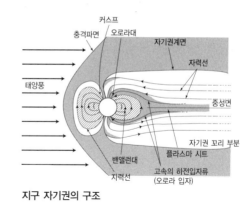

지구 자기권의 구조

통과하여 지구 대기에 직접 유입할 수 있다.

한편, 태양 반대쪽(밤 영역)의 지구 자기장은 혜성 꼬리처럼 흘러 나가며, 지구 반경의 백 배에 달할 만큼 길게 늘어져 캐비티(cavity), 즉 속이 비어 있는 구조를 만든다. 태양풍 플라스마는 이 캐비티 때문에 직접 침입하지 못하지만 지구 자기장이 약한 꼬리 부분에서 자기권으로 침입한다. 그리고 태양풍으로 인한 반대 방향의 자기력선으로 이루어진 자기 중성면 부근을 사행하면서 가속되어 플라스마 시트를 형성하는 성분이 된다.

자기권에는 또한 높은 에너지 입자로 이루어진 밴앨런대(Van Allen Belt)가 적도 상공 수천 킬로미터, 즉 지구 반경의 수배에 이르는 지점에서 지구를 이중 도넛 모양으로 둘러싸고 있다.

오로라는 밴앨런대의 입자가 아니라 태양풍 기원의 고위도 자기력선에 대응하는 플라스마 시트 입자의 하강이 그 원인의 하나로 알려져 있다. 또 오로라가 난무하는 오로라 폭풍은 자기권에 축적된 자기장과 입자 에너지의 폭발적인 해방 때문인 것으로 생각되고 있다.

16

열권과 전리권

　열권은 지상보다 훨씬 높은 영역임에도 왜 그 밑의 영역보다 온도가 높을까? 고도 80~700km의 영역인 열권의 대기는 지상의 백만 분의 일 이하로 매우 희박하다. 그러나 태양으로부터 쏟아지는 강한 자외선의 흡수 그리고 작은 복사 냉각으로 온도는 고도와 함께 상승하며, 태양 활동이 활발할 때는 1,500℃를 넘는다.

　열권에서 대기가 자외선을 흡수하면 일부 원자 분자는 전리(이온화)되며, 거의 같은 수의 전자와 양이온으로 이루어진 소위 플라스마 상태가 된다. 태양 복사는 고도가 낮아지면서 흡수되어 약해지나 대기 밀도는 고도가 낮을수록 높아지므로 이온화는 특정 고도에서 최대가 된다. 이렇게 전리된 대기의 영역을 전리층 또는 전리권으로 부른다. 열권은 온도의 관점에서, 전리권은 전자 밀도의 관점에서 붙여진 이 영역의 이름이다.

　전리권은 오로라의 무대이기도 하다. 전리권은 전자 밀도의 고도별 분포를 토대로 지상 70~90km를 D층, 90~150km를 E층, 그보다 상부의 대략 1,000km까지의 영역을 F층이라고 한다. 전자 밀도는 300km 부근에서 최대가 된다. 전리권이라고 할지라도 100% 전리되어 있는 곳은 높이 1,000km 이상이며, 120km에서는 대기 입자의 백만 분의 일, 300km에서는 천 분의 일만 전리되어 있을 뿐이다.

고도별로 대기 조성을 살펴보면, 지상 90km 부근까지는 공기가 잘 혼합되어 질소 분자와 산소 분자의 체적비는 4:1로 지상 부근과 같고,

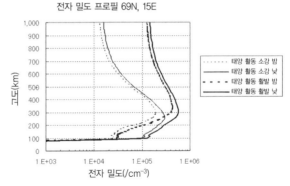

전자 밀도 프로필 69N, 15E

태양 활동 소강 밤
태양 활동 소강 낮
태양 활동 활발 밤
태양 활동 활발 낮

북극 토롬소에서 전자 밀도의 고도별 분포(IRI-95모델에 근거함)

평균 분자량은 약 29이다. 그러나 이 위쪽으로는 자외선 때문에 해리된 산소 원자가 많아지므로 평균 분자량은 200km에서 21, 400km에서 16으로 변한다. 또 영역별로 주요 이온을 살펴보면, E층은 산소 분자 이온과 일산화 질소 이온, F층은 산소 원자 이온 그리고 1,000km를 넘으면 헬륨 이온과 수소 이온으로 가벼워진다. 밤에는 태양광이 없어 이온화가 일어나지 않으므로 전자 밀도는 줄어들지만, 밤 영역 쪽으로 일어나는 자외선의 산란과 낮 동안 만들어진 하층의 높은 전자 밀도 영역으로부터 전자를 공급 받아 어느 정도의 양은 유지하며, 다시 일출을 맞이하면서 증가하기 시작한다.

전자 밀도는 중위도에서 극으로 갈수록 낮아지는 경향을 보인다. 겨울철 극야에는 태양 광선이 닿지 않으므로 하부 전리층의 전자 밀도가 특히 낮은데, 오로라의 발생과 동시에 에너지가 큰 하전입자가 폭발적으로 쏟아져 고도 100km 부근에서 전자 밀도가 급격히 증가하는 일이 자주 일어난다.

전리층은 단파장대의 전파를 반사하며, 이로 인하여 원거리 통신이 가능해진다.

17

열권과 성층권 사이에 존재하는 중간권

상공에는 중간권이라고 불리는 영역이 존재한다고 하는데, 도대체 어떤 세계일까? 중간권은 성층권 위쪽 50~80km의 고도에 위치한다. 중간권의 온도는 고도 증가와 함께 내려가며, 위쪽 열권과의 경계인 중간권계면에서 최저가 된다. 반면에 성층권에서는 오존이 태양 자외선을 흡수하므로 유해한 자외선이 지상에 도달하는 것을 막으며, 자외선 흡수로 인한 가열로 고도 증가와 함께 온도가 올라가 성층권계면에서 최고가 된다. 여름철 극역에는 해가 지지 않으므로 온종일 일사가 발생하며, 반대편 겨울철 극역에는 해가 뜨지 않는다. 그러므로 성층권계면 고도에서는 강한 일사가 장기간 계속되는 여름철 극역의 온도가 가장 높고, 적도를 지나 겨울철 극역 쪽으로 갈수록 온도가 내려간다.

그런데 중간권계면에서는 이상하게도 겨울철 극역이 고온이고, 여름철 극역을 향하여 온도가 내려간다. 여름철 중간권계면에서는 온도가 −133℃ 밑으로도 내려가 지구 대기권에서 가장 온도가 낮은 영역이 된다. 장소에 따른 일사의 차이는 대기 순환을 일으키지만, 그렇다고 해도 여름철 기온이 겨울철 기온보다 낮은 것은 큰 수수께끼라고 할 수 있다.

여기에는 대기 중력파라고 부르는 파동이 관련되어 있음이 20년 전에 알려졌다. 이 파동은 부력을 복원력으로 하여 지표 부근 대기층의 교란과 지형

의 영향으로 만들어져 위쪽
으로 전달되어 간다. 지구
를 발판으로 삼고 있고 또
상층에서는 공기가 희박한
만큼 파동의 진폭이 커져,
중간권계면 부근에서 부서
질 때 그곳을 흐르고 있는
동서 방향의 대기 순환에
제동을 건다. 이에 대응하

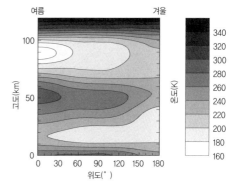

위도별 대기 온도의 수직적 분포

여 여름철 극역에서 겨울철 극역으로 향하는 순환이 일어나며, 여름철 극역
에는 상승류가 겨울철 극역에는 하강류가 발생한다. 그러므로 여름철 극역
에는 단열 팽창, 즉 높은 산 위가 서늘한 것과 같은 이유로 온도가 내려간다.
반대로 겨울철 극역에서는 온도가 올라간다.

  최근에는 같은 극지일지라도 남극과 북극은 상황이 조금 다르다는 사실이
알려지기도 했다. 레이저 광선을 이용하여 겨울철 중간권계면의 온도를 측
정하면, 겨울철 온도는 북극보다 남극이 낮다. 또 여름철에 레이더로 극역
대기를 조사하면, 반사해 오는 극 중간권 하계 에코의 출현 빈도가 북극보다
남극이 낮다. 이 에코에는 극심한 저온 때문에 생긴 빙정이 관련되어 있다고
하는데, 그러면 북극보다는 남극의 중간권계면 온도가 조금 높을 가능성이
있다. 즉 북극보다는 남극이 일사량이 달라서 온도 차이가 생기는 현상에 조
금 더 가까우며, 중력파의 작용은 남반구와 북반구가 같지 않음을 시사하고
있다.

18

대류권과 성층권

　인간이 사는 지구의 대기권은 어떻게 이루어져 있을까? 지표부터 대류권, 성층권, 중간권, 열권으로 고도가 올라가면서 이름이 바뀌며, 이들 권역의 경계를 권계면이라고 한다. 지표로부터 약 10km까지가 대류권이며, 다시 그 위로 약 50km까지가 성층권이다. 대류권과 성층권의 경계는 대류권계면이라고 한다. 대류권에서 보통 기온은 고도와 더불어 하강하며, 성층권에서는 고도와 더불어 상승한다.

　고도 20km 또는 30km의 높이를 상상하기는 쉽지 않다. 보통 구름 꼭대기의 높이는 높은 구름이라고 해도 12km 정도이다. 이 부근에 생기는 구름을 고층운이라고 부르며, 새털구름이 대표적이다. 여름에 뭉게구름이 발달하면 모루 모양의 적란운이 생기는 수가 있다. 구름은 대류권계면 위로 뻗을 수 없으므로 옆으로 발달한 것이다. 또 제트 항공기의 비행 고도는 보통 10km 정도이다. 30km의 고도는 기상청이 상공의 기상 관측을 위하여 띄우는 소형 기구가 겨우 도달할 수 있는 높이이다.

　대류권은 아래쪽의 따뜻해진 공기가 상승하는 대류 운동이 일어나기 쉬운 곳이다. 대류권을 개략적으로 보면 적도 부근에서 공기가 상승하고, 이 공기는 위도 30° 부근에서 하강한다. 위도 30°에서 60° 사이의 지역은 고기압과 저기압이 자주 통과한다. 고기압의 중심에서는 공기가 하강하고, 저기압의

중심에서는 공기가 상승
한다. 이런 상태를 일 년
간 평균을 내어 조사하
면, 위도 30° 부근에서
하강하고, 위도 60° 부근
에서 상승하는 흐름이
있음을 알 수 있다. 위도
60°에서 90° 사이 극역
의 평균적인 흐름은 위
도 60° 부근에서 상승하

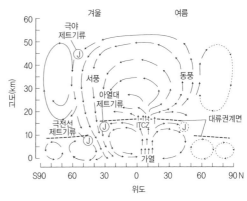

대류권과 성층권의 대기 순환도
「성층권 오존」(시마자키, 1989)에서 인용

고, 90° 부근에서 하강하는 것으로 볼 수 있다. 그러나 남반구 극역의 경우
아직 정확하게 알려져 있지는 않다.

성층권에서는 태양 복사로 인하여 데워지는 모습이 대류권과 다르다. 대
류권은 지면이 데워지지만, 성층권은 주로 20~30km 부근의 오존층이 관여
하고 있다. 온종일 해가 떠 있는 여름철 극역이 가장 따뜻해지며, 반대로 온
종일 해가 뜨지 않는 겨울철 극역이 가장 추워진다. 이에 동반하여 성층권에
서 여름철 고위도로부터 겨울철 고위도 쪽으로 공기의 흐름이 발생하고 있
다. 이런 공기의 흐름을 따라 성층권의 오존도 수송된다. 그 결과 태양의 영
향이 가장 크고 오존이 활발하게 만들어지는 적도역보다 오존이 수송되는
봄철 고위도에서 오존 농도가 더 높아진다. 그리고 오존 농도가 가장 높은
고도는 적도역에서는 30km 부근이었던 것이 고위도에서는 20km 부근이
된다.

19

태양 복사와 지구 복사

태양의 표면 온도는 약 6,000℃이다. 이 온도에 상응하는 에너지가 주위로 방출되고 있다. 이것을 태양 복사라고 부른다. 지구는 태양 복사를 받고 있으며, 이것이 지구의 유일한 에너지원이다. 지구는 태양 복사 에너지의 70%를 받아들이고 30%를 반사한다. 지구는 연평균으로 보면 점점 더워지지도 또 추워지지도 않는, 즉 에너지 수지가 평형을 이루고 있다. 그러므로 지구에서 우주를 향하여 받아들인 에너지에 상응하는 복사를 하고 있음을 알 수 있다.

절대온도가 300K인 지구 표면에서 밖으로 나가는 복사를 지구 복사라고 부른다. 태양 복사와 지구 복사를 비교하면, 태양 복사는 보통 빛이라고 하는 가시광선 파장대의 복사이며, 지구 복사는 적외선으로 불리는 적외 파장대의 복사이다. 그래서 파장이 긴 지구 복사를 장파 복사, 파장이 짧은 태양 복사를 단파 복사라고도 한다.

지구에는 대기가 있다. 대기가 없는 것으로 가정하고 태양 복사와 지구 복사가 평형을 이루는 지구 표면의 온도를 계산하면 약 −18℃이다. 실제 지구 표면의 평균 기온은 약 15℃이며, 이런 차이는 대기가 존재하기 때문에 발생한다. 즉 대기 중에는 태양 복사의 통과에는 영향을 주지 않지만 지구 복사에는 영향을 주는 기체가 존재하기 때문이다. 예를 들면, 이산화탄소와 수

증기는 지구 복사를
흡수하여 대기를 덥히
는 데 기여하고 있다.

　여기까지는 지구 전
체에 관한 이야기이
다. 이번에는 위도에
따른 차이를 생각해
보자. 인공위성 관측
을 통하여 얻은 반사
율(알베도라고 부름)

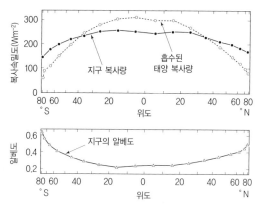

위성 관측으로부터 얻은 알베도와 태양 복사량, 지구 복사량
「대기와 복사 과정」(아이다, 1982)에서 인용

과 태양 복사량, 지구 복사량의 연평균 값을 위도별로 나타냈다. 알베도의
경우 극역에서는 태양 복사의 약 60%가 반사되는 것을 알 수 있는데, 이는
극역에 광대한 설빙면이 존재하기 때문이다. 특히 남극역에서 알베도가 높
게 나타나며, 이것이 남극이 몹시 추운 중요한 이유이다.

　또 태양 복사에서 지구 복사를 뺀 값(복사 수지)이 플러스인 지역과 마이
너스인 지역이 있음을 알 수 있다. 만일 위도 방향으로 열의 흐름이 없다고
하면, 어느 장소로 들어온 에너지 전부를 바깥으로 내보내야 평형이 이루어
지므로 두 선은 겹쳐져야 한다. 그러나 위도 35° 부근을 경계로 하여 두 선
이 역전되고 있는 것은 저위도에서 고위도로 에너지 수송이 있음을 의미한
다. 대기와 해양이 이 에너지 수송에 기여하고 있다. 즉 적도역이 열원이 되
는 반면 극역이 냉원이 되고 있음을 알 수 있다.

II

오로라의 무대와

극지의 대기

20

극역 초고층의 발광 현상, 오로라

오로라는 로마 신화의 '새벽의 여신'을 의미하며, 스칸디나비아에서는 '북쪽의 빛', 일본에서는 '극광(極光)'으로도 불린다. 또 북극광이나 남극광이라는 이름도 있다. 이처럼 여러 이름을 지닌 오로라는 왜 빛을 내는 것일까? 그리고 이 현상은 왜 극지에서 일어나는 것일까?

극지는 지구 자기력선이 무리지어 지상으로 수렴해 오는 영역이다. 오로라의 발광은 태양으로부터 고속으로 날아온 고에너지의 오로라 입자가 자기력선을 따라 들어와 지구 대기의 분자나 원자와 충돌함으로써 일어난다.

또 태양 코로나로부터 고속의 가스가 방사되고 있다. 이 가스의 흐름을 태양풍이라고 한다. 태양풍이 지구에 도달하면, 태양풍 에너지는 지구 자기권과 상호 작용하여 전기와 자기 에너지로 모습이 바뀌며 축적된다. 이것이 어떤 계기로 해방되면 자기권 내의 하전입자가 가속되고 자기력선을 따라 지구의 극지로 내려온다. 이런 1차 입자와 2차적으로 생성된 고에너지 입자가 지상 100~500km의 희박한 지구 대기에 부딪친다. 그 영역에서 산소와 질소 원자나 분자와 충돌하여 그들이 내부에 가지고 있는 전자를 방출시키고(이를 이온화 또는 전리라고 한다), 또 내부의 전자를 더욱 고에너지 상태로 들어 올린다(이를 여기(勵起)라고 한다). 이들의 상태가 원래대로 돌아올 때 원자와 분자마다 특유의 빛을 낸다. 이것이 바로 오로라이다.

스웨덴 키루나의 국립우주물리연구소 옥상에서 촬영한 오로라

오로라는 자기권 영역에서 자기력선을 따라 들어온 에너지가 큰 전자와 양자 같은 하전입자가 자기권 전자계(電磁界) 안에서 움직이는 모습과 상공의 지구 대기를 소위 텔레비전의 브라운관처럼 만들어 그려 내는 현상이다. 지구의 전자기 현상 가운데서도 특히 신비로운 가시 현상이며, 네온사인이나 번개와 같은 방전 현상이다. 자주 언급되듯이 지구상에 생물이 존재할 수 있는 것은 지구에 대기와 자기가 있는 덕분이며, 이것은 또한 오로라가 만들어지는 조건이기도 하다.

오로라는 태양풍과 자기권의 상호 작용으로 출현한다. 그러므로 당연히 흑점 수가 변화하는 11년 주기의 태양 활동과 관련이 있다. 태양 활동은 2000년에 극대기를 지났지만, 태양풍을 만들어 내는 코로나홀로 불리는 코로나의 어두운 부분은 태양의 자전에 맞추어 27일 주기로 나타나며, 이에 동반된 회귀성 오로라는 태양 활동의 극대기가 지난 후 잠시 동안 출현을 기대할 수 있다고 한다.

21

오로라는 어떤 색과 모습을 하고 있을까

오로라 발광과 관련된 주요 기체는 산소 원자와 질소 분자이다. 산소 원자는 녹색과 적색, 질소 분자는 적색, 질소 분자 이온은 청색 등 기체마다 특유의 빛을 내며 오로라의 풍부한 색채를 낳는다.

산소 원자에는 오로라 발광을 일으키는 두 가지 여기 상태가 있다. 저에너지 상태로 여기된 산소 원자는 파장 630nm 정도의 붉은빛을 내며 원래 상태로 되돌아간다. 두 배 정도의 고에너지 상태로 여기된 산소 원자는 수명이 평균 0.74초로 짧으므로 곧바로 557.7nm의 백록색 빛을 내며 낮은 여기 상태로 옮겨 간다. 이것이 오로라에서 가장 보편적으로 볼 수 있는 색이다.

낮은 여기 상태의 수명은 110초로 긴 데다가 낮은 고도에서는 충돌로 인하여 발광하기 전에 에너지를 잃어버리기 때문에 적색의 발광은 200~500km의 비교적 높은 고도에서 볼 수 있다. 단 이런 고도에서는 산소 원자의 수가 적으므로 쏟아 내린 입자가 많을 때 출현한다. 2001년 3월 태양 활동의 극대기가 끝날 무렵 홋카이도에서 적색의 오로라가 보였다. 이는 위도가 낮은 일본에서는 높은 고도에 나타나는 발광만 볼 수 있기 때문이다.

또 하나의 주요 발광은 질소 분자와 관련된 것으로서, 녹색의 오로라 커튼 하단에 보이는 적색은 에너지가 큰 입사 입자가 낮은 고도까지 도달하여 질소를 여기하기 때문에 생긴다. 그리고 훨씬 높은 여기 에너지에 의하여 이온화된 질소 분자에서는 청색에서 자색의 391.4nm와 427.8nm의 발광이 백록색 오로라와 거의 같은 고도에 나타난다. 그러나 빛에 대한 인간의 눈의 감도는 555nm에서 최대가 되므로 인기가 가장 높은 오로라는 역시 백록색이다.

또 양자가 내려와 여기된 수소가 됨으로써 발머 계열의 휘선을 발하는 오로라를 프로톤 오로라라고 부르는데, 이는 매우 미약하여 육안으로는 거의 보이지 않는다.

오로라의 모습은 동서로 길게 늘어진 아크나 밴드 또는 크고 작은 다양한 소용돌이 등 모양이 분명한 디스크리트 구조와 희미하게 펼쳐진 패치나 베일 모양의 디퓨즈 구조로 크게 나뉘며, 기본적으로는 자기력선을 따라 모습이 정해진다. 아크나 밴드는 수직 방향으로 100~300km, 동서 방향으로 수천 킬로미터의 범위를 갖는다. 여러 개가 겹쳐져 나타나거나 파편처럼 조각조각이 되어 나타난다. 또 상공의 한점을 중심으로 부채꼴로 펼쳐진 코로나 모양으로 보이기도 한다. 디스크리트 오로라는 심야가 되기 전에, 디퓨즈 오로라는 심야부터 새벽에 걸쳐 보이는 경우가 많은 것 같다.

오로라 중에서도 특히 밝은 오로라는 때때로 격렬하게 움직이다. 이것은 오로라가 빛나고 있는 고도에서의 대기의 움직임, 즉 바람에 의한 것이 아니라 텔레비전과 마찬가지로 입사되는 하전입자의 빠른 움직임과 변화를 나타내는 것이다.

22

빛을 이용한 오로라 관측

지상 100km의 높은 곳에서 일어나는 오로라 현상을 어떻게 연구할 수 있을까? 오로라는 가시광선부터 적외선, X선에 걸친 빛의 현상이므로 모습과 움직임을 영상으로 붙잡는 것이 그 물리적 성질을 파악하는 기본이 된다. 그러므로 보통 빛의 관측에는 화각 180°의 어안 렌즈를 이용한 전천 카메라, 광각 렌즈, 비디오카메라 등을 조합하여 연구 목적에 맞는 영상을 만든다. 코마당 노광 시간은 오로라의 밝기와 카메라 감도에 따라 달라지며, 밝은 오로라의 경우는 수 초 이내이다. 참고로 말하면, 보통 카메라로 촬영할 때는 F값이 작은 밝은 렌즈, ISO 200~400의 필름을 사용한다. 카메라 셔터를 수 초에서 수십 초 개방해야 하므로 삼각대와 릴리즈의 사용은 빠트릴 수 없다. 또 시판되고 있는 비디오카메라로는 촬영이 다소 어려운 것 같다.

오로라는 어느 정도 높이에서 빛나고 있을까 하는 궁금증을 풀기 위하여 18세기 무렵부터 두 지점에서 오로라 높이를 측정하기 위한 스테레오 관측이 이루어졌다. 100km 이상의 높이에 있는 오로라를 측정하기 위해서는 두 지점이 충분히 떨어져 있어야 하고, 모습을 바꾸는 오로라를 동시에 촬영해야 한다. 또 삼각측량의 기본인 대응점, 즉 어느 한 지점이 두 장의 화상 어디어디에 비추어져 있는지를 결정해야 하는 등 어려운 문제들이 있다. 많은 스테레오 관측을 통하여 오로라의 하단이 100~200km라는 것이 확인되었다. 그 후에도 이런 관측이 알래스카, 쇼와 기지, 아이슬란드 등에서 이루어졌다.

더욱이 의료 현장에서 위력을 발휘하고 있던 컴퓨터 단층촬영(CT)을 응용하여 많은 지점에서 동시 촬영된 화상으로부터 오로라의 위치와 발광 형식을 삼차원적으로 구하는 연구가 일본과 스웨덴에서 처음으로 시도되

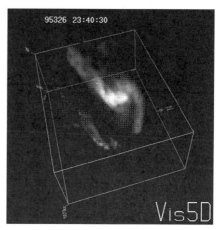

토모그래피(tomography) 관측으로 복원된 오로라의 3차원 구조

었다. ALIS라는 사방 200km의 범위에 여섯 개의 관측점이 설치된 네트워크 관측 시스템이 구축됨으로써 동시 다점 관측이 이루어졌다. 그 결과 산소 원자와 질소 이온에 의한 오로라의 발광 고도를 토대로 산소 원자의 녹색(557.7nm) 여기에 질소 분자가 관여하고 있음을 알게 되었다.

남극에서는 오로라가 나타났을 때 그 안으로 로켓을 쏘아 올려 직접 관측을 하는 실험도 이루어졌다. 또 인공위성에서 지상을 내려다보며 오로라를 촬영하거나 자기력선을 따라 날아다니는 입자를 관측하고 있으며, 지상 카메라나 레이더로 동시 관측도 실시하고 있다.

23

전파를 이용한 오로라 관측

오로라를 빛 이외의 수단으로 관측할 수 있을까? 오로라는 빛과 관련된 현상이지만, 오로라의 발생에 동반하여 여러 가지 전기적인 교란이 일어난다. 그래서 전파를 이용하여 오로라를 파악하는 관측이 이루어지고 있다.

극지에는 오로라와 관련된 지자기 변동을 연구하기 위하여 국제적인 관측 네트워크가 만들어져 있다. 오로라 폭풍 등 밝은 오로라가 나타났을 때 전기장과 전리의 증가에 동반하여 강한 오로라 제트 전류가 흐르며, 지자기가 수백 나노테슬라를 넘는 변화를 보이는 일이 있다. 이런 현상은 지상의 자기력계로 끊임없이 관측되고 있다. 또 전자 밀도의 흔들림이 생겨 VHF대의 오로라 레이더에는 강한 에코가 관측된다. 이 레이더 에코로 파악된 초속 수백 미터의 움직임 그리고 전파로 본 오로라의 세기와 방위 등으로부터 빛으로 본 오로라와의 차이가 분명해졌다. 북유럽에 있는 초대형 EISCAT 레이더로는 오로라 입자가 쏟아져 내리면서 생기는 전자 밀도의 증가 등 전리층의 교란을 상세하게 파악할 수 있다.

오로라와 관련하여 고에너지 입자가 방사하는 초장파대(3~30KHz)와 장파대(30~300KHz)의 전파도 위성으로 관측된다. 오로라 히스는 수신기의 스피커에서 '슈욱' 하고 들리는 가청 주파수대(20KHz까지)부터 장파대에 걸친 전자 방사인데, 그 발생이 반드시 오로라와 대응하고 있는 것은 아니다.

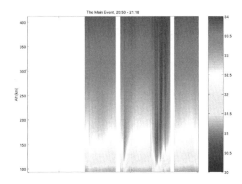

The Main Event, 20:50 - 21:18

EISCAT 레이더로 관측한 오로라 출현 시의 전자 밀도 사례

　오로라 활동에 동반하여 에너지가 다소 높은 입자가 쏟아져 내리면 하부 전리층에서 전리가 증가한다. 이 높이에서는 전자와 중성 입자의 충돌이 빈번하며, 우주로부터 오는 30MHz대의 잡음 전파는 흡수되어 파괴된다. 이것도 전파를 이용하여 오로라 입자의 활동을 파악하는 관측으로서, 전리층의 불투명도를 측정한다는 단어의 머리글자를 따서 리오미터 관측이라고 한다. 보통은 지상에 안테나를 배열하고 전파가 들어오는 방향에 따른 흡수의 차이를 화상으로 만들어 측정하는 이미지 리오미터 관측이 이루어지고 있다. 흡수에 기여하는 하강 입자는 오로라 입자보다 조금 높은 에너지를 갖는 것으로 알려져 있는데, 흐린 날에는 불가능한 오로라의 광학 관측을 전파로 보완하는 것이다.

　오로라가 나타났을 때 '지상에서 소리가 들립니까?' 라는 질문을 자주 받는다. 분명히 오로라 아크에 동반하여 오로라 인프라소닉이라는 초저주파의 음파가 발생하는 경우도 있지만, 공기가 극도로 희박한 초고층의 음파를 지상에서 듣는 것은 매우 어렵다고 생각된다.

24

남극과 북극에서 같은 오로라를 볼 수 있을까

극지라면 어디서나 오로라를 볼 수 있을 것으로 생각하는 사람이 적지 않은 것 같다. 정말로 어디서나 오로라를 볼 수 있을까?

오로라는 자축극을 중심으로 오로라대라고 불리는 지자기 위도로 65°에서 70°의 도넛 모양의 영역(오른쪽 그림은 북반구의 경우)에서 잘 볼 수 있다. 북극의 오로라대는 스웨덴의 키루나와 노르웨이의 토롬소부터 아이슬란드, 알래스카의 페어뱅크스, 캐나다 북부의 옐로나이프 근처를 지나고 있다. 이들 지역에는 일 년에 약 100일은 오로라가 출현하므로 오로라 관측의 최적지로 알려져 있다. 남극에서도 일본의 쇼와 기지는 오로라대 바로 아래 부근에 위치한다. 반면에 남극 반도 부근은 오로라대에서 떨어져 있어 남극이라고 해도 오로라는 별로 나타나지 않는다. 그리고 오로라대에서 고위도로 더 올라가면 오히려 오로라를 볼 기회는 줄어든다.

아이슬란드와 남극의 쇼와 기지는 자기적으로 짝을 이루는 위치, 즉 한 개의 자기력선으로 연결된 남북 양극의 두 지점이다. 이를 지자기 공역점이라고 한다. 오로라 입자는 자기권에서 자기력선을 따라 남극과 북극으로 쏟아져 내리므로 공역점에서는 같은 오로라가 보일 것으로 기대된다. 이런 오로아의 남북 공역성(共役性), 즉 두 개의 공역점에서 같은 시각에 같은 오로라가 보이는지에 관한 의문은 오로라의 발생 기구(機構)를 연구하는 데 중요하

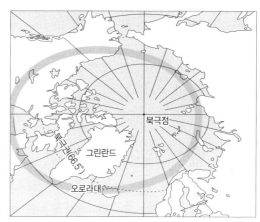

북극역의 오로라대

지만, 이를 확인하는 것은 좀처럼 쉽지 않다. 현재 일본이 중심이 되어 아이슬란드와 쇼와 기지 양쪽이 동시에 어두워지는 춘분과 추분의 아주 짧은 기간을 노려 관측을 실시하고 있다. 지금으로서는 움직임이 느린 약한 오로라는 매우 비슷하지만, 밝고 움직임이 격렬한 오로라는 공역성이 적은 것으로 알려져 있다.

한편, 인공위성에서 오로라가 출현한 극지를 보면, 극을 달걀 모양으로 감싸며 빛나고 있는 영역(오로라 오벌)을 볼 수 있다. 자기권의 밤 영역(태양과 반대쪽)에서는 오로라 입자가 축적된 플라스마 시트라고 불리는 영역을 통과하여 지구로 출입하는 자기력선의 착지점에 해당한다. 또 낮 영역(태양쪽)은 커스프를 통과하여 태양풍으로 직접 이어진 자기력선이 나오고 있다. 오로라대는 한밤중의 오벌 위치에 해당하며, 오로라 활동이 심해지면 밤 영역에서 오벌의 폭이 저위도 방향으로 확대된다.

25

오존홀이란

오존홀이란 어떤 현상일까? 1980년대 후반 남극의 오존홀이라는 말이 화제가 되었다. 왠지 남극 상공에 오존이 없는 구멍 같은 장소가 생긴 것으로 생각한 사람이 많았을 것 같다. 그러면 이는 실제로 어떤 현상일까?

남극의 쇼와 기지에서는 1961년부터 대기 중의 오존 전량(단위면적당 오존 총량) 관측을 시작했다. 1982년 봄철에 관측한 데이터에서 예년보다 오존 전량이 30% 정도 적은 것을 알게 되었다. 이 결과는 1984년 당시의 관측 대원에 의하여 발표되었다. 그리고 이를 계기로 지금까지의 인공위성 데이터를 재검토한 결과, 해에 따라 차이는 있으나 봄철 남극역에서 오존 전량이 적은 영역이 해마다 증가하고 있음을 알게 되었다. 이 오존 전량이 적은 영역, 즉 지구의를 아래쪽(남쪽)에서 보면 남극역에 오존이 거의 없는 구멍이 생긴 것처럼 보이므로 오존홀이라고 불리게 되었다.

오존은 성층권 내 15~30km 높이의 오존층으로 불리는 영역에 분포하고 있으며, 남극역의 오존층 높이는 15~25km 정도이다. 오존홀 안은 오존 농도가 매우 낮으며, 염소산화물로 불리는 물질의 농도가 주위에 비하여 매우 큰 값을 보이고 있다. 그러나 질소산화물은 주위보다 적다.

오존홀은 늦봄에서 초여름 사이에는 사라져 버린다. 오존홀이 발견되었을 당시 북극역에서는 이런 현상이 보이지 않았다. 이와 같은 관측 결과로부터

남극의 봄철에 오존홀이 형성
되는 현상은 인간이 만들어
낸 프레온이 성층권에서 파괴
되면서 염화산화물을 생성한
것이 주요 원인이며, 극성층
권 구름이 형성되는 등 특수
한 조건을 지닌 겨울철 남극
성층권의 대기 환경 때문에
발생했음이 밝혀졌다.

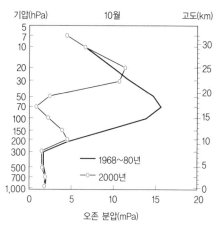

오존 농도의 고도 분포
「오존 관측 보고서」(일본 기상청, 2000)에서 인용

　오존 전량이 감소하면 태양
으로부터의 자외선 양, 특히
생물에 영향을 미치는 UVB로 불리는 자외선 양의 증가가 걱정거리가 된다.
여름이 되면 해가 떠 있는 시간이 길어지므로 보통 자외선 양은 증가한다.
그러므로 남극의 오존홀 기간이 초여름까지 장기간 계속되면 쇼와 기지에
대한 영향이 커질 것으로 예상된다. 일본 와카나이에서의 오존 전량 관측에
따르면, 조금씩이지만 해마다 오존 전량이 줄어들고 있다. 중ㆍ고위도에서
의 오존 전량 감소는 자외선 양의 증가와 관련하여 우려되는 문제이다.

26

오존홀은 어떻게 만들어질까

1982년 무렵부터 오존홀이라고 부르는 현상이 남극역에서 나타나고 있다. 어떤 원인으로 오존홀 현상이 발생하게 되었을까? 오존홀의 출현에는 여러 원인을 생각할 수 있지만, 현재는 염소를 포함하고 있는 인위적 기원의 프레온(클로로플루오로카본, CFC)이 대기 중에 대량으로 방출된 것을 원인으로 보고 있다.

태양 자외선으로 인하여 산소 분자가 파괴되어 생긴 산소 원자가 결합하여 성층권의 오존이 생성된다. 오존은 앞에서 언급한 자외선보다 파장이 조금 긴 자외선에 의하여 파괴되거나 질소산화물, 염소산화물 및 수소산화물과 반응하여 파괴된다. 고도에 따라 자외선 강도와 산소 농도에는 차이가 있고, 고도마다의 생성 반응과 소멸 반응의 균형으로 인하여 오존층은 15~25km 정도의 고도에 존재한다. 그러므로 이 고도에서의 염소산화물 증가가 가장 큰 원인으로 생각되고 있다. 그러면 어떻게 봄철 남극에서 오존홀 현상이 일어날까?

겨울철 남극에는 햇빛이 없고 남극 대륙 주변 성층권에는 강한 서풍이 불고 있으며, 저위도로부터 따뜻한 공기가 흘러 들어오기 어렵다. 그래서 겨울철 남극역은 점점 냉각되어 기온이 −80℃까지 떨어진다. 이런 저온이 되면 대류권으로부터 방출된 황 성분을 포함하는 가스와 화산 분화에 동반된 황

관련 가스가 산화하여 생긴 황산 증기, 생물 활동으로 방출된 아산화질소가 성층권에서 산화되어 생긴 질산 증기 그리고 수증기 등이 응결하여 액체 입자가 되거나, 더욱 온도가 내려가면 승화 또는 동결하여 고체 입자가 된다.

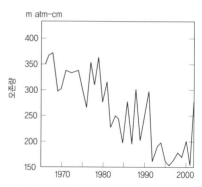

오존 전량의 10월 경년 변화, 「오존 관측 보고서」(일본 기상청, 2002)에서 인용

질산 증기에서 생긴 입자를 Ⅰ유형 극성층권 구름, 수증기에서 생긴 입자를 Ⅱ유형 극성층권 구름이라고 한다. 겨울철 남극에는 이들 입자로 이루어진 구름이 형성된다. 인위적으로 만들어진 프레온은 대류권에서는 안정된 물질이지만, 성층권으로 운반되면 태양 자외선에 의하여 파괴되며 염소를 방출한다. 이 염소는 화학 반응을 통하여 안정된 염화수소와 질산염소로 변한다. 그런데 남극의 겨울은 매우 추우므로 극성층권 구름이 형성되고, 구름 입자 표면에서 일어나는 반응으로 안정적이어야 할 염화수소와 질산염소로부터 염소 분자가 방출된다. 그리고 염소 분자는 자외선이 없기 때문에 대기 중에 축적된다. 구름 입자 표면에서 일어나는 반응으로 생긴 질산과 물은 극성층권 구름의 입자에 둘러싸여 성장하다가 무거워지면 떨어져 성층권에서 제거되므로 질산의 토대가 되는 질소산화물은 성층권에서 감소한다.

봄이 되어 태양이 다시 뜨게 되면, 염소 분자는 자외선에 의하여 부서져 오존을 파괴하는 염소 원자가 된다. 이 염소와 관련된 몇 가지 반응을 통하여 오존이 대량으로 파괴되는 것이다.

27

극역 초고층에서 일어나는 대기의 조석

썰물과 밀물 같은 조석(潮汐)이 대기에도 있다고 한다. 그렇다면 극역에서는 어떨까? 지상에서는 대기의 조석을 미기압 진동으로 관측하는데, 지자기의 일변화에도 그 영향이 나타난다. 지자기는 북위 70°의 노르웨이 토롬소 부근에서 수평 분력이 1만 나노테슬라 정도이다. 그런데 지자기 정온 시의 일변화로서 위도 40° 이상에서 정오를 중심으로 수 시간에 수십 나노테슬라, 즉 0.1% 정도의 규칙적인 일변화가 일어난다. 그 원인으로는 지구를 둘러싼 전리층 안을 흐르는 전류가 암페어 법칙에 의하여 자기장 변화를 일으키기 때문으로 생각되고 있다. 그러면 왜 전류가 흐를까? 그것은 전리층에서 바람이 불어 지구 자기장을 계자코일로 하는 일종의 풍력 발전기가 만들어지기 때문이다. 하층 대기에서 태양 복사의 흡수로 생긴 대기의 조석 진동이 위쪽으로 전달되어 간 것이 이 바람의 주요 성분이다. 발전기와 같은 원리이므로 다이너모 이론(dynamo theory)이라고 한다.

바다의 조석은 하루에 두 번 간만이 발생하므로 반일(半日) 주기 성분이 기본이다. 지상 부근 대기의 태양 조석은 달 조석의 20배로서 오로지 열작용으로 생긴다. 태양 복사는 성층권의 오존이나 대류권의 수증기를 하루를 주기로 반복하여 가열한다. 그러므로 전일(全日) 주기 성분이 기본이며, 여기에 12시간이나 8시간 주기의 고조파(harmonics) 성분도 가지고 있다. 지구는 달과 태양에 대하여 회전하고 있으므로 조석은 달과 태양과 함께 서쪽으로 이동해 간다. 즉 파동으로서 서쪽으로 전달되어 간다. 경도 방향으로는 태양과 함께 움직이는 진행파가 기본이며, 위도 방향으로는 정상파로 되어 있

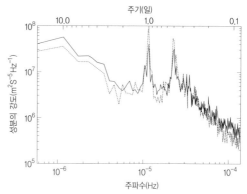

북극 스발바르에서 고도 90km 부근 바람의 스펙트럼. 전일 주기와 반일 주기 성분에서 각각 피크가 나타난다.

다. 성층권과 대류권에서 생긴 파동은 위쪽으로도 전달되며, 대기가 희박해짐에 따라 큰 진폭을 갖게 된다.

　지상에서 관측되는 반일 주기 성분의 미기압 진동은 중·저위도에서는 천분의 일 기압 정도이며, 고위도에서는 더 작아진다. 또 전일 주기 성분은 그 반밖에 되지 않는다. 이것은 전일 주기 성분이 주로 연직 방향으로 전달되지 않는 마이너스 모드나 연직 방향의 파장이 짧은 모드이므로 반일 주기 성분에 비하여 지상으로 전달되기가 어렵기 때문인 것으로 생각되고 있다. '왜 반일 주기 성분이 전일 주기 성분보다 큰 것인가'라는 이 의문은 일본과 미국 연구자에 의하여 거의 동시에 해결되었다. 극역에서 겨울과 여름은 온종일 해가 뜨지 않거나 또는 떠 있는 채인데, 전일 주기 성분이 출현하는 것은 이 파동이 위도 방향으로는 정상파로 나타나는 지구 규모의 파동이기 때문이다.

28

극역의 초대형 레이더,
EISCAT 레이더와 남극 레이더

오로라의 무대가 되는 극역 초고층 대기를 대형 레이더로 조사하는 실험 관측을 실시하고 있다고 한다. 무엇을 어떻게 측정하고 있을까?

전리층의 전자 밀도는 지상에서 레이더로 쏘아올린 전파가 되돌아오는 주파수를 이용하여 조사한다. 전자 밀도가 큰 곳에서 높은 주파수가 반사되므로 주파수를 올려 가면서 반사 에코가 되돌아오는 고도를 토대로, 고도와 함께 전자 밀도가 증가해 가는 모습을 알 수 있다.

1958년 미국 코넬 대학의 고든 교수는 자유전자에 의한 빛의 톰슨산란과 마찬가지로 전파가 관통하는 높은 주파수에서도 자유전자는 극소수의 전파를 산란할 것이므로 이를 검출할 수 있지 않을까라고 생각하고, 전리층 내의 자유전자에 기인하는 미약한 에코를 붙잡기 위한 초대형 레이더를 제안했다. 이것이 비간섭 산란(IS) 레이더로서, 하나하나의 전자가 거울처럼 서로 모여서 전파를 산란하는 것이 아니라 제각기 따로따로 전파를 산란하므로 이렇게 불리게 되었다. 이 레이더는 메가와트급의 대전력 송신과 희미한 에코를 붙잡는 거대한 안테나가 특징인데, 교토에 놓여 있는 작은 동전을 도쿄에 있는, 즉 470km 떨어져 있는 레이더로 검출할 수 있는 능력을 가지고 있다. 에코의 강도와 도플러 시프트 등으로부터 전리권 플라스마의 밀도뿐만 아니라 온도와 움직임도 알 수 있다.

스발바르(북위 78°)의
EISCAT 레이더 안테나

이 대형 레이더는 푸에르토리코의 아렌보, 페루의 히카마르카 등지에 설치되었으며, 유럽에서는 극역의 스칸디나비아 북부에 오로라 연구를 중심 과제로 삼아 원통 파라볼라 리플렉터의 VHF 레이더와 송수신 3지점으로 이루어진 UHF 레이더를 지닌 아이스카트(EISCAT, 유럽 비간섭 산란의 영어명) 레이더를 6개국 공동으로 건설했다. 이후 더욱 북쪽인 북위 78°의 스발바르에서 7개국이 UHF 레이더를 운용하고 있다.

1970년대에는 비간섭 산란 레이더가 훨씬 낮은 고도의 대류권부터 성층권 하부, 또 VHF대의 경우에는 상부 중간권의 중성 대기 난류에서도 에코를 검출할 수 있음을 페루와 미국, 일본의 연구자가 확인하면서 중층 대기 연구가 급속하게 진척되었다. 그래서 이 대형 레이더보다 약간 규모가 작은 중층 대기 관측 레이더는 중간권(M), 성층권(S), 대류권(T)의 머리문자를 따서 MST 레이더로 불리고 있다.

현재 오로라가 출현하며 지구 대기의 수렴역으로서 기후 변동 신호가 명료하게 나타나는 남극의 쇼와 기지에 대형 대기 관측 레이더를 건설하려는 계획을 구상하고 있다. 이 계획이 실현될 날이 그리 멀지 않을지도 모른다.

29

남극과 북극의 기후 변동 관계

남극과 북극의 기후 변동은 완전히 똑같이 일어나고 있을까? 남극과 그린 란드의 설빙 코어 해석에 따르면 빙기와 간빙기의 교대는 남극과 북극에서 거의 같은 시기에 일어났지만, 엄밀하게 말해서 양극의 기후 변동은 다르다. 남극의 버드 기지와 그린란드의 서밋 기지에서 굴착된 코어에서 최종 빙기 의 산소동위체비($\delta^{18}O$) 변동을 비교해 보자.

그린란드에서는 과거 95만 년간 일시적으로 산소동위체비, 즉 기온이 단 기간만 상승한 시기를 21회(1부터 21로 표시한 시기) 확인할 수 있다. 남극 에서도 같은 현상이 7회(A1부터 A7로 표시한 시기) 보이는데, 그린란드에 비하면 그 빈도가 낮고 기온의 변동 폭도 작은 편이다. 남극의 고온기(A1부 터 A7)는 그린란드(8, 12, 14, 17, 19, 20, 21)에도 있다. 남극에서 그린란드 에 대응하는 고온기가 나타나는 것은 그린란드에서 고온기가 2천 년 이상 지속된 경우뿐이다. 이것으로 보아 빙기에 북반구에서 기온 상승이 일어나 고 그것이 오래 지속되는 경우에만 남극으로도 전파된 것으로 생각된다.

그런데 남극의 고온기는 그린란드가 고온기에 들어가기 직전의 저온기에 나타나고 있다. 즉 남극에서 기온이 높을 때는 그린란드의 기온이 낮고, 남 극에서 기온이 낮을 때는 그린란드의 기온이 높다. 이렇게 기온이 양극에서 시소처럼 바뀐 것은 로렌시아 빙상의 붕괴로 인하여 육상의 얼음이 대량으

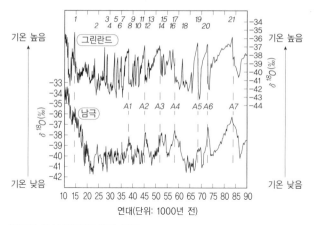

양극의 산소동위체비($\delta^{18}O$) 비교

로 북대서양으로 흘러들면서(이 현상을 발견한 사람의 이름을 따서 하인리히 이벤트라고 부른다) 해수의 염분 농도가 낮아져 해양 순환이 변했기 때문이라는 설이 최근에는 유력하다.

이 설이 맞는다고 하면, 빙기의 기후 변동은 북반구의 빙상 붕괴가 계기였다는 것이 된다. 최종 빙기에서 현재의 후빙기로 이행될 때의 기온 상승도 남극이 그린란드보다 앞서고 있는데, 이것도 역시 북반구에 무엇인가 계기가 되는 현상이 있었기 때문일까? 빙기의 기후 변동과 빙기에서 간빙기로 이행될 때의 계기가 북반구에 있다는 설이 현재는 받아들여지고 있지만 아직 결론이 난 것은 아니다. 기온 상승이 먼저 일어난 남극에 원인이 있다는 설과 더불어 남극 빙상의 붕괴나 열대역이 기후 변동의 계기를 초래했다는 설도 강력하게 주장되고 있다. 기후 변동의 메커니즘이 해명되는 것은 조금 더 시간이 걸릴 것 같다.

30

남극과 북극은 온난화되고 있을까

이산화탄소 등 온실기체 증가에 의한 지구 온난화가 커다란 사회 문제가 되고 있다. 남극과 북극에서도 온난화가 진행되고 있을까? 온난화가 되고 있는지 여부를 알기 위해서는 장기간의 기온 데이터가 필요하다. 남극과 북극은 기상 관측 데이터가 있는 장소가 제한되어 있으며, 있다고 해도 고작해야 수십 년 정도의 분량이다. 설빙 코어 해석은 기상 데이터가 없는 장소와 시대의 기후를 알기 위한 방법으로 도움이 된다.

남극 반도에서는 1940년대부터 여러 곳에서 기상 관측이 시작되었다. 기온 데이터를 보면 1960년 무렵부터 온난화되고 있음을 알 수 있다. 더욱이 남극 반도 주변의 돌맨 섬과 제임스로스 섬에서 설빙 코어가 굴착되어 각각 1795~1986년, 1950~1980년의 기온이 복원되었다. 그 결과 두 섬 모두 1955년 무렵부터 온난화가 뚜렷하게 일어나고 있음을 알게 되었다.

남극 동부에 위치하는 케이시 기지와 뒤몽뒤르빌 기지의 기상 관측 데이터도 1957년부터 완만한 온난화를 보이고 있다. 로 돔 관측점에서 굴착된 설빙 코어에서도 같은 결과가 얻어졌다. 반면에 내륙에 있는 보스토크 기지와 아문센-스콧 기지에서는 오히려 완만한 한랭화 경향을, 일본의 아스카 기지에서 굴착된 설빙 코어에서도 한랭화 경향을 보이고 있다. 쇼와 기지에서도 온난화 경향은 보이지 않는다. 이렇게 같은 남극일지라도 장소에 따라

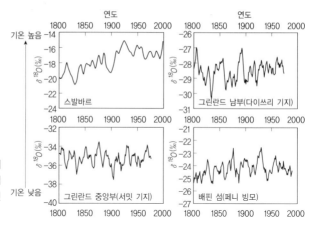

북극역의 설빙 코어 해석으로 얻은 산소동위체비. 장기간의 기온 변동을 알 수 있다.

다른 것을 알 수 있다.

북극은 어떨까? 알래스카와 시베리아의 기상 관측 데이터를 보면, 과거 수십 년간은 온난화 경향이 확실하게 나타나고 있다. 그러나 그린란드 연안은 1930년 무렵부터 한랭화가 되고 있다. 북극역에서 굴착된 설빙 코어의 산소동위체비를 비교해 보아도 기온 변화가 장소에 따라 상당히 다르다(그림 참조). 이렇게 북극에서도 장소에 따라 차이가 있다.

온난화 또는 한랭화라고 해도 기온이 일방적으로 올라가거나 내려가는 것은 아니다. 어느 시기에 주목하느냐에 따라 달라진다. 지구 규모의 기후 변동 실태와 메커니즘을 해명하기 위해서는 장소와 시대에 따른 차이를 상세하게 연구할 필요가 있다. 그러므로 가능한 지구상의 많은 지점에서 장기간에 걸친 기온 데이터를 얻는 것이 중요하다. 또 과거의 기온을 추정하기 위하여 가능한 많은 지점에서 설빙 코어를 해석하는 것도 필요하다. 이런 시도가 각국의 협력하에 국제적인 프로젝트의 형태로 이루어지고 있다.

31

북극은 오염되고 있을까

인간 활동으로 생성된 대기오염 물질 특히 석유와 석탄 등 화석 연료의 연소로 생성된 산성 물질과 중금속은 동식물과 건축물 그리고 인체에도 악영향을 미치기 때문에 그 증가는 중대한 사회 문제가 되고 있다. 1960년대부터 1970년대에 걸친 공해 문제는 공업 지대 인근에서 일어나는 대기와 물의 오염이 문제였다. 그러나 대기오염 물질은 생성 지역 인근뿐만 아니라 대기 순환에 동반하여 국경과 바다를 넘어 아주 멀리까지 운반된다. 1980년대 이후의 대기오염 문제는 지구 전체의 문제로서 받아들여지게 되었다.

1970년대부터 시작된 연구에 의하여 인위적인 기원의 산성 물질과 중금속이 인간 활동으로부터 멀리 떨어진 북극까지 도달하고 있음이 알려졌다. 그림은 그린란드 남부에서 굴착된 설빙 코어를 이용하여 과거 2백 년에 걸친 황산이온의 농도 변화를 조사한 결과이다. 단발적인 피크(그림의 V와 M)는 화산 분화와 여름철 융설에 의한 것이므로 이것을 제외하고 전체적인 경향을 볼 필요가 있다. 1980년대부터 황산이온 농도는 점점 상승하고 있음이 분명하다. 이는 북아메리카 대륙과 유라시아 대륙의 공업 지대에서 화석 연료 연소로 생성된 대기오염 물질이 멀리 북극역까지 흘러오게 되었기 때문이다.

그린란드 남부에서 1910년 무렵의 황산이온 농도는 1890년 이전에 비하여 2, 3배까지 증가했다. 제2차 세계 대전 후에는 일시 멈추었으나 1960년 무렵부터 다시 증가하기 시작했다. 1970년대에는 1890년 이전 농도의 3, 4배에 달했다. 1890년 이전의 황산

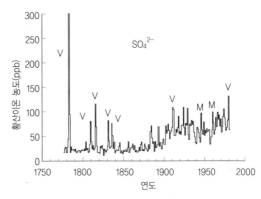

그린란드 남부의 설빙 코어에 보이는 황산이온 농도의 변화

이온은 대부분 자연적으로 만들어진 것이었다. 그러나 1970년대에는 북극역에서도 인위적인 기원의 황산이온이 자연적인 기원의 황산이온보다 2, 3배 많아졌다.

그린란드 적설 중의 황산이온 농도는 고작해야 100ppb(10톤의 눈 가운데 1그램에 해당)이므로 수돗물에 비교하면 그 농도가 훨씬 낮다. 이 설빙 코어는 1981년에 굴착되었으므로 그 이후의 데이터는 없지만, 다른 데이터로부터 그린란드에서는 1970년대부터 황산이온 농도가 감소했음을 알 수 있다. 선진국에서 공해를 규제한 성과가 북극역에도 나타난 것이다. 그린란드는 산업혁명 이후 납과 카드뮴 등 중금속도 증가했으나 1970년대부터 감소했다.

세계의 주요 공업 지대는 북반구에 집중되어 있다. 남극은 북극에 비하여 공업 지대로부터 멀리 떨어져 있기 때문에 현재 남극의 설빙 코어에서 산성 물질의 증가는 보고되고 있지 않다. 또 중금속 농도도 북극에 비하여 훨씬 낮은 것으로 알려져 있다.

32

극역의 강수량은 어느 정도일까

극역에서는 어느 정도의 눈이나 비가 내릴까? 기온이 낮은 것은 강수량과 어떤 관계를 갖을까? 먼저 강수가 어떻게 일어나는지를 간단히 설명하면 다음과 같다. 대기 중의 수증기는 냉각되어 운립, 즉 구름 입자가 된다. 운립은 주위의 수증기를 모아 커지거나 또는 큰 입자가 작은 입자를 포획함으로써 더욱 큰 운립이 된다. 눈은 운립이 얼거나 또는 수증기가 직접 얼음(빙정)으로 변하며 만들어진다. 그 근원은 전부 대기 중의 수증기이다. 공기 중에 포함할 수 있는 수증기량(포화 수증기량)은 기온과 관련되어 있는데, 기온이 낮아지면 포화 수증기량은 작아지므로 보통 추운 곳은 강수량이 적다. 실제로는 극역에서도 저위도로부터 상대적으로 따뜻한 수증기를 가득 포함한 저기압이 올 때는 많은 강수가 발생한다.

추운 극역의 강수량이 그다지 많지 않다는 사실을 알았다. 그러면 그 양은 어느 정도일까? 극역에서의 강수량 관측은 대단히 어려운데, 쇼와 기지는 연 300~400mm 정도, 미즈호 기지는 150~250mm 정도이다. 측정이 어려운 것은 바람이 강하여 지면에서 날리는 눈보라와 하늘에서 내리는 눈을 구별할 수 없고, 강풍으로 인하여 보통의 우량계로는 눈을 잘 포획할 수 없기 때문이다. 그래서 지금도 강설량을 정확하게 측정할 수 있는 관측기의 개발이 요망되고 있다.

미즈호 기지보다 더 내륙은 어떨까? 남극 대륙의 내륙 지역은 눈과 같은 형태의 강수량이 매우 적어 하얀 사막이라고도 불리고 있다. '다이아몬드 더스트'라고 불리는 작은 눈의 결정(빙정)이 춤추듯이 내려와 쌓이거나 또는 수

다이아몬드 더스트(하얗게 빛나고 있는 부분)

증기가 직접 설면에 접촉하여 서리로 변하며 쌓인다.

북극의 강수량은 어떨까? 북극역은 바다가 있고 남극보다 상대적으로 따뜻하기 때문에 강수량은 훨씬 많으며, 장소에 따라서는 겨울에 눈이 아니라 진눈깨비가 내리는 경우도 있다. 스피츠베르겐 섬의 북위 79°에 위치하는 니알슨에는 유럽 서쪽을 흐르는 멕시코 만류의 난류가 겨울에도 남쪽으로부터 따뜻하고 습한 공기를 종종 대량으로 운반해 와 상당히 많은 눈을 내리기도 한다. 이곳의 연 강수량은 약 400mm이다. 위도는 낮지만 한극(寒極)이라고 불렸던 베르호얀스크는 내륙에 위치하기 때문에 강수량이 작아 연간 약 170mm이다. 또 캐나다의 엘즈미어 섬에 위치하는 얼러트는 연간 약 200mm이다. 참고로 도쿄의 연 강수량은 약 1,500mm이며, 서울은 약 1,350mm이다.

33

온실기체의 관측

최근 신문이나 뉴스에 자주 오르내리는 지구 온난화와 기후 변동은 어떤 현상일까? 간단히 말하면 지구 전체의 연평균 기온이 최근 100년간 약 0.7 ℃ 상승했으며, 이는 화석 연료의 연소로 인하여 대기 중의 이산화탄소 농도가 증가했기 때문으로 생각되고 있다.

극역에서는 온난화로 인하여 어떤 현상이 일어나고 있을까? 남극 반도에서 대형 빙산이 떠내려간다든가 북극역의 빙하가 후퇴한다든가 빙하호의 수위가 높아진다든가 등 갖가지 뉴스가 난무하고 있다. 실제로 최근 30년간 북극역의 알래스카, 캐나다, 러시아 중앙부의 기온은 10년에 0.1 ℃씩, 남극역의 남극 반도 부근의 기온은 10년에 0.5 ℃씩 상승한 것으로 보고되고 있다.

남극의 각 기지에서 많은 대기 관측이 실시되어 왔는데, 온난화가 알려지게 되면서 관련된 관측 항목이 증가하고 있다. 남극은 오염이 거의 없으므로 지구상에서 가장 깨끗한 곳의 관측치를 얻을 수 있다. 또 관측치의 검토에 있어서도 국지적인 요인을 생각할 필요가 없이 지구 전체로부터 받은 영향만을 생각할 수 있다.

지구 표면에서 방출된 에너지를 지구 복사라고 한다. 지구 복사를 대기 중에서 흡수하여 지구 밖으로 나가는 것을 억제하는 기체를 온실기체 또는 온실효과기체라고 부른다. 여기에는 이산화탄소 외에 수증기, 메탄, 아산화질

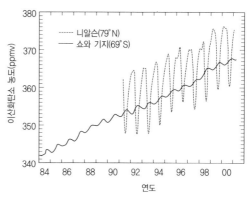

이산화탄소 농도의 변동
(남극 쇼와 기지와 북극 니알슨)

소 등이 있다. 쇼와 기지에서는 현재 다음과 같이 이산화탄소 등 온실기체 관측을 진행하고 있다.

1984년부터 이산화탄소의 연속 관측을 실시하고 있으며, 그림에 보이듯 이 좋은 데이터를 얻고 있다. 쇼와 기지의 관측 데이터와 함께 표시한 북극 지역 니알슨의 관측 데이터를 비교하면, 남극에서는 생물 활동의 영향이 거의 없으므로 계절에 따른 변화 폭이 작은 것을 알 수 있다. 인위적인 기원의 이산화탄소 발생 지대에서 멀리 떨어져 있으므로 쇼와 기지의 값이 북반구와 같은 값이 되는 데에는 수년이 걸린다. 연 증가율은 북반구와 남극 모두 거의 같은 값을 보이지만, 이 값은 해마다 조금씩 변한다.

이산화탄소가 지구 규모에서 어떻게 순환하고 있는지−비록 생물과 해양 등의 방출량과 흡수량 등 아직 불확실한 요소가 남아 있지만−남극 데이터를 비롯한 지구상의 데이터를 근거로 한 계산이 시도되고 있다. 이로 인하여 금후 이산화탄소 농도 변화가 기온 상승에 미치는 영향을 정확하게 파악할 수 있을 것이다.

34

남극과 북극의 대기는 깨끗할까

극지라고 하면 눈으로 덮인 산과 빙산 등 대자연 속의 아름다운 경치가 떠오른다. 대부분 그곳의 공기는 아주 깨끗할 것이라는 상상을 한다. 과연 사실일까?

시베리아에 있는 어느 마을의 대기는 그다지 깨끗하지 않은 것으로 알려져 있다. 공장의 연기에 여러 가지 오염 물질이 포함되어 있기 때문이다. 또 원자력 잠수함의 무덤이 된 곳도 있다고 하니 바다도 그다지 깨끗할 것 같지는 않다. 북극연무(arctic haze)라고 불리는 북극역 특유의 연무 현상도 있다. 러시아, 유럽, 북미, 중국 등지로부터 오염 물질이 대기의 흐름을 타고 북극역으로 흘러들고, 이곳에서 축적되어 오염된 층이 만들어지는 현상을 북극연무라고 한다. 대기의 흐름과 태양광의 영향으로 북반구에서는 이른 봄에 수 킬로미터 높이에 때때로 오염된 층이 나타난다. 그러므로 북극의 하늘은 깨끗하다고 보기 어렵다.

그러나 남극은 상황이 달라 아주 깨끗하다고 할 수 있다. 우리가 사는 곳에서는 추운 겨울날 밖에서 숨을 내쉬면 하얗게 김이 서린다. 그러나 남극에서는 숨을 내쉬어도 하얗게 김이 서리지 않는다. 쇼와 기지에서도 보통은 하얗게 변하지 않지만, 자동차가 지나간 직후에는 하얗게 김이 서린다고 한다.

대기 중에 떠 있는 먼지 같은 고체나 액체 입자를 에어로졸(부유입자상 물

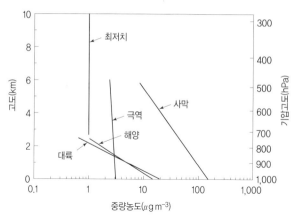

지역 및 고도별 에어로졸 농도의 차이
「Introduction to Atmospheric Chemistry」(Hobbs, 2000)에서 인용

질)이라고 한다. 사람이 숨을 내쉬면 수증기를 포함한 약 35℃의 공기가 입 밖으로 나온다. 공기는 냉각되고 공기 안의 수증기도 냉각되어 물방울이 되는데, 이 물방울이 하얗게 보이는 것이다. 그런데 물방울이 되기 위해서는 에어로졸이 필요하다. 에어로졸이 너무 적으면 좀처럼 물방울이 되지 못한다. 남극은 물방울을 만드는 데 필요한 에어로졸의 수가 매우 적으므로 날숨이 하얗게 변하지 않는다. 그러나 자동차가 지나가면 자동차의 배기가스에 포함된 에어로졸이 단번에 증가하기 때문에 하얗게 변하게 된다. 남극에서는 이렇게 대기 중에 에어로졸이 적기 때문에 깨끗한 공기라고 할 수 있다.

지금까지 언급한 에어로졸은 주로 직경이 $0.1\mu m$에서 $2\mu m$($1\mu m$는 $1/1,000mm$)이다. 이 정도 크기의 에어로졸은 지상으로 떨어지기 어려우므로 대기 중에 오래 머무르게 된다.

35

대기 광학 현상

신기루를 본 적이 있는가? 신기루는 극지의 해안 부근에서 자주 볼 수 있는 현상이다.

지상 부근의 대기 온도가 급격하게 변화하는 일이 생기면, 빛이 차가운 쪽으로 굴절하여 지상의 풍경이 뒤집어져 거꾸로 보이거나 멀리 있는 풍경이 떠올라 보인다. 이런 현상을 신기루라고 한다.

대기 중에서 빛의 굴절과 반사, 회절 등으로 일어나는 현상을 대기 광학 현상이라고 한다. 대기 광학 현상이 극지에서만 일어나는 것은 아니지만, 극역은 기온이 낮으므로 온도가 급격하게 변화하는 현상이 나타나기 쉬워 신기루를 볼 기회가 많다.

쇼와 기지에서 신기루는 봄에 가장 잘 볼 수 있다. 해빙이 얼어 있어 얼음 위의 공기는 매우 차가운데 그 위로 따뜻한 공기가 흐르면 신기루가 보이게 된다. 아래쪽 공기가 차갑고 위쪽이 따뜻한 상태는 안정적이므로 장시간 신기루를 볼 수도 있다. 남극에서는 주위에서 볼 수 있는 물체가 주로 빙산이므로 뒤집어진 빙산을 볼 수 있다.

대기 광학 현상으로 남극에서 잘 나타나는 현상의 하나가 무리(halo)이다. 무리 가운데서도 안쪽 햇무리, 무리해, 해기둥을 잘 볼 수 있다. 무리는 빙정에 의한 광학 현상이다. 주상(柱狀) 또는 판상(板狀)의 빙정에 태양광이 어떻

쇼와 기지의 무리

게 닿느냐에 따라 다양한 무리가 만들어진다. 안쪽 햇무리는 태양 주위에 만들어진 고리이다. 눈으로 봤을 때의 각도가 22°의 고리를 안쪽 햇무리라고 부르며, 46°일 때의 고리를 바깥쪽 햇무리라고 부른다. 또 태양과 같은 고도에서 안쪽 햇무리의 조금 바깥쪽에 무리해가 보인다.

해기둥은 태양으로부터 수직으로 붉게 빛난다. 빛이 빙정에 의하여 굴절되어 일어나는 무리(안쪽 햇무리와 무리해 등)는 파장에 따라 굴절된 크기가 다르므로 아름다운 색을 띤다. 몇 가지 무리(해기둥 등)는 빙정에 의한 반사 현상이므로 색을 띠지는 않지만, 해기둥은 보통 지평선 가까운 곳에서 잘 나타나므로 붉게 보인다. 그림과 같이 남극에서는 무리가 한꺼번에 보이는 일도 드물게 있다고 한다.

녹섬광(green flash)으로 불리는 현상도 드물게 볼 수 있다. 녹섬광은 태양이 지평선으로 질 때 마지막 빛이 녹색으로 빛나 보이는 현상으로 대양 한가운데서도 볼 수 있다고 한다. 지평선 근처의 대기가 투명하고 또 흔들리지 않는 것이 녹섬광의 중요한 포인트이다.

36

남극은 왜 추울까

　최저 기온을 보면 남극이나 북극 모두 매우 춥지만, 남극역이 대부분 대륙인 반면에 북극역은 대부분 바다인 점을 고려하면 남극역이 일반적으로 더 춥다고 할 수 있다. 그러면 극역은 왜 추울까?

　극역에 도달하는 태양 복사량이 중·저위도에 비하여 적은 것이 한 가지 원인이다. 그러나 쇼와 기지와 도쿄의 지표면에 도달하는 연간 태양 복사량을 비교하면, 대기 중의 구름이나 에어로졸(먼지) 등의 영향으로 두 지역이 거의 같다. 그러면 남극과 일본은 무엇이 다를까? 남극 대륙은 눈으로 덮여 있기 때문에 지표면에 도달한 태양 복사의 상당 부분을 반사한다. 태양 복사의 반사율을 뜻하는 알베도의 위도별 평균값을 비교하면, 남극 0.65, 북극 0.5로서 지구 평균 0.3에 비하여 매우 높다. 즉 태양 복사의 반사로 인하여 지표면에 열이 축적되지 않는 것이 극역이 추운 가장 큰 원인이다.

　지구상의 대기는 움직이고 있다. 그러므로 따뜻한 곳에서 추운 곳으로 열이 운반되어 온도를 똑같이 만들려고 한다. 물로 이루어져 있는 해수면과 접하고 있는 하층 대기의 온도는 낮아도 −2℃ 정도이다. 북극해의 섬들은 이런 따뜻한 바다로 둘러싸여 있기 때문에 기온이 그다지 내려가지 않는다. 육지가 몹시 냉각되더라도 주변 바다 위의 따뜻한 공기와 섞여 기온이 올라가기 쉽다. 반면에 남극 대륙의 내륙은 바다에서 2,000km 이상 떨어져 있어

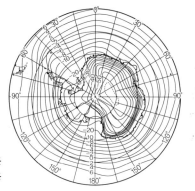

남극 대륙의 평균 기온
「남극의 과학」(일본 국립극지연구소, 1989)에서 인용

바다의 영향이 거의 미치지 않는다. 이렇게 바다에서 멀리 떨어져 있는 것도 남극이 북극보다 추운 원인의 하나이다. 겨울철 기온이 몹시 낮은 것으로 알려져 있는 베르호얀스크도 시베리아 내륙에 위치하기 때문이다.

남극 대륙은 평균 표고가 2,200m이다. 반면에 북극의 표고는 거의 0m이다. 중위도에서는 일반적으로 고도가 100m 올라가면 기온이 약 0.6℃ 내려간다. 표고가 2,000m라면 이 계산으로는 약 12℃ 내려가는 것이 된다. 그러나 남극 대륙의 표고 2,000m 지점에서는 실제로는 약 20℃가 내려간다. 이 계산을 적용하면 쇼와 기지가 −20℃일 때 미즈호 기지는 −40℃, 돔 후지(Dome Fuji) 관측점은 −60℃가 된다. 이렇게 북극과 달리 남극 대륙의 높은 표고가 남극역이 더 추운 또 다른 원인이다.

37

세계의 한극, 베르호얀스크와 보스토크 기지

남극과 북극은 어느 쪽이 더 추울까? 또 후지 산 정상과 홋카이도의 아사히가와는 어느 쪽이 더 추울까? 둘 다 상당히 어려운 질문이다. 처음 질문에는 보통 남극이 더 춥다고 답한다. 그러면 두 번째 질문은 어떨까? 같은 장소의 기온이라고 해도 고도, 시간 또는 계절에 따라 그 값은 달라진다. 물론 같은 남극일지라도 남극점과 쇼와 기지의 기온은 상당히 다르다. 우선 장소가 구체적으로 정해진 후지 산 정상과 아사히가와를 비교해 보자. 표고가 3,700m를 넘는 후지 산 정상의 연평균 기온은 약 −6℃이다. 반면에 표고 100m의 아사히가와는 약 6℃이다. 그러면 쇼와 기지는 어떨까? 쇼와 기지의 표고는 20m이며, 연평균 기온은 약 −10℃이다. 세 지점의 연평균 기온을 보면 가장 추운 곳은 쇼와 기지이며, 다음은 후지 산 정상 그리고 가장 따뜻한 곳이 아사히가와이다.

다른 비교 방법도 있다. 관측한 기간은 다르지만, 지금까지 관측된 최저 기온은 아사히가와는 −41℃, 후지 산 정상은 −38℃, 쇼와 기지는 −45.3℃이다. 세 지점 모두 크게 차이가 없음을 알 수 있다.

그러면 처음 질문으로 돌아가 보자. 남극점은 남극 대륙에 위치한다. 표고는 약 2,800m이다. 북극점은 해빙으로 덮여 있는 경우가 많지만, 북극해 안에 위치하며 표고는 거의 0m이다. 그러므로 대륙에 위치하며 표고가 높은

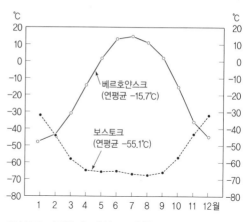

보스토크 기지와 베르호얀스크의 월평균 기온의 변화

남극점이 북극점보다 훨씬 추운 것을 알 수 있다. 남극점의 연평균 기온은 −49℃이며, 북극점은 관측점이 없으므로 연평균 기온 데이터는 없다.

그러면 지구상에서 가장 추운 곳은 어디인지 생각해 보자. 물론 관측하고 있지 않은 곳은 알 수 없으므로 관측점이 있는 곳만 비교한 결과이다. 북극권의 경우 과거에는 시베리아의 베르호얀스크를 들었지만, 같은 시베리아의 오이먀콘에서 최저 기온 −77.8℃가 기록되었다. 남극 대륙은 더욱 추워 보스토크 기지에서 1983년 최저 기온 −89.2℃가 관측되었다. 최저 기온은 어느 쪽이나 매우 낮아 비슷하지만, 연평균 기온은 상당한 차이가 있다. 보스토크 기지는 −55℃이며, 베르호얀스크는 −16℃이다. 그래서 북극권의 베르호얀스크와 오이먀콘, 남극권의 보스토크 기지가 양극에서 가장 추운 곳이며, 곧 '세계의 한극(寒極)'이라고 할 수 있다.

38

남극의 바람, 카타배틱

남극 대륙 연안은 세계 유수의 강풍 지대로 알려져 있다. 최대 풍속은 47.2m/s이며, 최대 순간 풍속은 61.2m/s이다. 바람의 세기는 극심하게 변화하는데, 풍속은 어떻게 정해질까? 가장 보편적인 것은 평균 풍속이다. 어느 시각의 평균 풍속이란 그 시각 전 10분간의 평균을 구한 풍속이다. 이 평균 풍속의 최대치를 최대 풍속이라고 한다. 또 관측하고 있는 기록의 순간 값을 순간 풍속이라고 하며, 그 값 가운데 최대의 것을 최대 순간 풍속이라고 한다.

남극 대륙에는 어떤 바람이 불고 있을까? 내륙의 고도가 높은 고원 한극 지대에는 특히 겨울철 지표 부근에 현저한 기온 역전층이 생긴다. 그래서 매우 한랭하고 밀도가 큰 공기층이 형성되며, 이 한랭한 공기는 남극 대륙 사면을 따라 흘러내리며 바람을 만든다. 이 바람을 카타배틱(katabatic)이라고 한다. 카타배틱은 사면하강풍 또는 사면활강풍으로 부르기도 한다.

한편, 지구는 지축을 중심으로 자전하고 있다. 공기의 흐름은 지구 자전의 영향을 받으므로 카타배틱은 대륙 중앙의 상류에서 대륙 연안의 하류를 향하여 왼쪽으로 휘어지면서 불어 내려온다. 쇼와 기지 남쪽 270km 지점의 대륙 사면에 위치하는 미즈호 기지는 이런 영향을 받아 거의 일정하게 초속 10m 이상의 동풍이 늘 불고 있다. 이 바람은 대륙 연안을 향하여 불며, 지형의 영향을 받으므로 바람이 수렴되는 듯한 지형이 있으면 맹렬한 강풍으로 변한다. 그 결과 풍속이 약 100m/s에 달하는 경우도 관측되는 등 세계 최고의 강

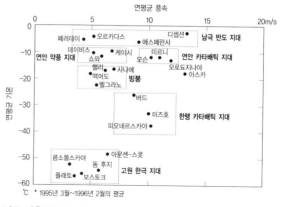

남극 관측 기지의 기후 구분

풍 지대로 알려져 있다. 이런 강풍은 통상의 카타배틱에 저기압과 같은 더 큰 규모의 대기 현상이 가세하여 카타배틱을 강화시킨 결과이다.

쇼와 기지는 대륙에서 5km 정도 떨어진 해상에 위치하므로 카타배틱의 영향을 거의 받지 않는다. 그래서 연평균 풍속은 6.4m/s로 약한 편이다. 그러나 저기압의 영향으로 바람이 강해지면 평균 풍속 50m/s에 가까운 바람이 불어 기지 내의 안테나가 부러지거나 물건이 날려가는 등 여러 가지 피해가 발생하며, 그 후 며칠 동안은 뒷정리로 기지가 분주해진다. 반면에 고원 한극 지대에 위치하는 돔 후지 관측점은 카타배틱이 불지 않으며, 간혹 저기압의 영향으로 생긴 바람이 불 뿐이다. 그러나 내륙까지 강한 세력을 유지하며 들어오는 저기압은 거의 없으므로 연평균 풍속은 5.8m/s이다. 또 카타배틱이 늘 나타나는 대륙 사면의 미즈호 기지에는 특별히 강풍이 부는 것은 아니지만, 연평균 풍속은 11m/s로 늘 강한 바람이 불고 있다.

39

블리자드

'블리자드'는 어떤 현상일까? 원래 아메리카 대륙에서 눈을 동반하는 한랭한 계절풍을 이렇게 불렀다고 한다. 일반적으로는 눈보라를 동반하며 세 시간 정도 계속되는 한랭한 강풍을 가리키는 경우가 많은 것 같다. 기상학에서는 바람의 세기와 시정(시계의 정도)이 일정 이상 악화되면 블리자드가 일어났다고 규정하고 있다. 미국 기상국에서는 풍속이 15m/s 이상, 눈으로 인한 시정 장해가 400m 이하가 될 때 블리자드라고 한다. 과거에는 여기에 기온을 추가하여 −7℃보다 낮으면 '블리자드', −12℃보다 낮으면 '심한 블리자드'로 구분했다. 다른 나라에서도 이런 한랭하고 눈을 동반하는 강풍을 그 지방 특유의 이름으로 부르고 있다.

쇼와 기지에서도 미국의 사례를 참고하여 블리자드를 정의하고 있다. 기상 현상으로서만 아니라 대원의 안전 대책에 관한 기준으로도 사용되고 있다. 쇼와 기지에서 1975년부터 사용되고 있는 블리자드의 정의를 정리하면 오른쪽 표와 같다. 쇼와 기지에서는 A, B, C급의 블리자드가 연간 50회 정도 관측되고 있다.

안전 대책으로는 어떻게 활용되고 있는지 2000년에 체류한 41차 월동대의 예를 살펴보자. 시정과 풍속이 B급, C급 블리자드의 기준에 달할 때 외출 주의령(건물 밖에 있는 대원은 즉시 건물 안으로 들어감)이 발령된다. 또 시

A급	시정	100m 미만	계속시간	6시간 이상
	풍속	25m/s 이상		
B급	시정	1km 미만	계속시간	12시간 이상
	풍속	15m/s 이상		
C급	시정	1km 미만	계속시간	6시간 이상
	풍속	10m/s 이상		

블리자드의 기준

정과 풍속이 A급 블리자드의 기준에 달할 때 외출금지령(건물 안으로 들어가는 것은 물론 전 대원이 건물 안에 있음을 확인함)이 발령된다. 특히 심한 A급 블리자드가 발생하면 1m 앞도 보이지 않게 된다. 이럴 때 옥외에 있으면 건물로 돌아오지 못하는 등 대단히 위험하기 때문에 이런 안전 대책이 세워져 있다.

블리자드는 세계기상기구(WMO)의 날씨 정보에 어떻게 나타나고 있을까? 날씨 정보에 들어가면 '현재 날씨'라는 항목이 있으며, 여기에는 '강설이 없는 높은 눈보라', '강설이 없는 낮은 눈보라' 그리고 '눈보라'라는 항목이 있다. 강설이 없는 눈보라는 지상에 쌓인 눈이 날아올라가 시정을 나쁘게 하는 현상이다. 강설이 없는 높은 눈보라와 낮은 눈보라의 차이는 2m 높이를 기준으로 결정한다. 2m 이상 높이에서 수평 시정이 11km 이하라면 강설이 없는 높은 눈보라라고 한다. 이런 기준은 항공기 이착륙에 관계되는데, 강설이 없는 낮은 눈보라는 이착륙에 장해가 되지는 않는다. 한편, 눈이 내리고 있을 때 시정 장해가 있으면 눈보라라고 한다.

40

위성에서 본 극역의 저기압, 울부짖는 40°, 사나운 50° 그리고 절규하는 60°

일본은 남서쪽에서 북동쪽으로 통과하는 저기압이 많은 것으로 알려져 있다. 이들 저기압은 남쪽의 온난한 공기를 한랭한 북쪽으로 운반하는 역할을 하고 있다. 온난한 적도역과 한랭한 극역 사이의 중위도 지역에서는 저기압이 생성되어 발달하는 모습을 볼 수 있으며, 특히 겨울은 여름에 비하여 적도역과 극역의 온도차가 커지므로 저기압이 잘 발달한다. 남반구는 대부분 바다로서 육지에 의한 영향이 없기 때문에 저기압은 주로 남위 40°에서 60° 부근 사이에서 북반구 이상으로 잘 발달한다. 그래서 이 부근을 저기압대라고 한다.

일본은 구름의 움직임을 조사하기 위하여 적도 상공에 정지 위성을 쏘아 올리는 등 지속적으로 일본 전역을 관측하고 있다. 그러나 이들 위성은 극역을 보는 데는 적합하지 않다. 적도 위에 정지한 상태로 놓여 있으므로 극역이 잘 보이지 않기 때문이다. 이에 반하여 극궤도 위성은 위성의 움직임에 따라 관측할 수 있는 지역이 변한다. 경로를 조금씩 어긋나게 바꾸면서 북극역에서 남극역을 지나 북극역으로 돌아오는 궤도를 반복하므로 일정 시간이 지나면 거의 같은 궤도로 다시 돌아오게 된다. 그래서 고위도 지역의 관측 횟수가 저위도 지역보다 많으며, 몇 개 위성의 궤도 관측 화상들을 합치면 극역의 경우 거의 전역을 관측할 수 있다.

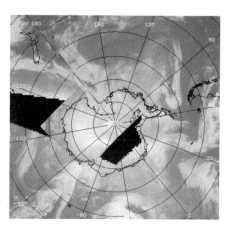

위성에서 본 극역의 적외선 화상으로,
해상의 백색 부분이 구름이다.

 그러면 위성에서는 어떤 화상을 얻을 수 있을까? 지구는 늘 여러 가지 전
자파를 방출하고 있으며, 위성에는 이들 전자파를 탐지하는 관측 장비가 실
려 있다. 관측 장비로는 전자파의 일종으로 보통 빛이라고 부르는 가시광선
과 적외선을 측정하는 것이 있다. 극역은 온종일 해가 뜨지 않을 때가 있으
므로 적외선 관측이 중요하다. 적외선으로 지구 표면 대부분의 온도를 관측
할 수 있다. 구름이 전혀 없다면 지표면 대부분의 온도가 기록되며, 구름이
있다면 구름 윗부분의 온도가 기록된다. 구름은 지표면보다 높은 곳에 있어
보통 온도가 낮기 때문에 지표면과 구분되며, 저기압과 전선이 있는 곳에서
주로 관측된다.
 바다가 대부분인 남반구의 40°에서 60° 사이를 위성으로 보면 저기압에
동반된 많은 구름이 있음을 알 수 있다. 저기압 안에서는 바다가 거칠어진
다. 과거 선원들은 폭풍을 자주 만나는 이 해역을 '울부짖는 40°, 사나운
50°, 절규하는 60°'라고 부르며 두려워했다.

눈과 얼음의 세계

41

적도 바로 아래에도 있는 눈과 얼음의 세계, 설빙권

눈은 희고 얼음은 투명하게 보이므로 둘은 일견 다른 것처럼 보이지만, 둘 모두 수분이 고체가 된 것이므로 본질적으로는 같다. 눈과 얼음은 입자 하나 하나의 모양과 단위체적당 차지하는 공기의 양이 다를 뿐이며, 이런 차이 때문에 빛의 산란 방식이 달라져 별개의 것으로 보인다.

자연계에 존재하는 고체 상태의 물, 즉 눈과 얼음으로 만들어진 세계를 설빙권이라고 한다. 지구상의 설빙권은 연중 존재하는 것과 겨울철에만 존재하는 것이 있다. 연중 존재하는 것으로는 남극과 북극의 빙상과 빙하, 유럽 알프스, 로키, 안데스, 히말라야 등 고산 지대의 빙하가 잘 알려져 있으며, 킬리만자로(표고 5,895m)의 만년설처럼 적도 바로 아래에도 있다. 또 고산 지대의 영구동토와 연중 얼어 있는 해빙, 여기에 지구 상공을 감싸듯이 존재하는 빙정핵도 포함된다. 반면에 겨울철에만 존재하는 설빙권의 대표 사례로는 겨울에만 눈에 덮이는 계절적 적설 지대와 광대한 규모로 펼쳐진 해빙을 들 수 있다.

남극에는 전 지구상에 존재하는 얼음의 약 90%가 분포하며, 이는 얼음과 물 양쪽을 포함하는 담수 체적의 약 70%에 해당한다. 그린란드와 고산 지대의 빙하까지 포함하면 전 지구상 얼음의 99%를 빙상과 빙하의 얼음이 차지하고 있다. 나머지는 토빙(ground ice) 0.83%, 해빙 0.14%, 적설 0.04% 그

중위도에서 가장 긴 뉴질랜드의
타스만 빙하 (아라이 테루오 촬영)

리고 대기 중의 얼음 0.01%로 추정되고 있다.

설빙권은 대부분 인간 활동의 중심지에서 멀리 떨어져 있다. 극지와 고산 지대 또는 호설 지대에 살고 있는 일부 사람들을 제외하면 눈과 얼음이 생활과 직접적인 관련이 없으므로 최근까지는 인류의 관심을 끌지 않았다. 동해에 면하고 있는 일본의 호설 지대에는 인구 수십만의 도시가 포함되어 있으므로 눈이 사람들의 생활과 깊은 관계를 가지고 있지만, 이런 지역은 세계적으로도 흔하지 않다.

그런데 최근 지구 온난화를 비롯하여 해수면 상승, 사막화, 대기오염, 삼림 파괴 등 지구 규모의 기후 · 환경 변화에 대한 인식이 높아지면서 이들 현상과 밀접한 관련을 지닌 설빙권이 주목을 받게 되었다. 예를 들면, 남극의 얼음 양이 변동하면 해수면 변동으로 이어지고, 해빙 면적이 변화하면 기온에 큰 영향을 미친다. 그러므로 설빙권을 고려하지 않고는 기후 · 환경 변화를 논할 수 없다. 이런 사회적인 배경 속에서 최근 설빙권 가운데서도 특히 높은 비율을 차지하는 남극과 북극에 대한 관심이 높아지고 있다.

42

육지를 덮고 있는 얼음 덩어리, 빙상과 빙모

빙상과 빙모도 빙하의 일종이다. 빙하는 높은 곳에서 낮은 곳으로 흐르는 눈과 얼음의 덩어리를 가리킨다. 얼음이 흐른다고 하면 의외라는 느낌이 들지만, 얼음이 두꺼워지면 얼음 자체의 무게로 인하여 알아채지 못할 만큼 매우 느린 속도로 유동한다. 빙하는 모양과 크기를 기준으로 여러 유형으로 분류된다.

빙상이란 50,000km² 이상의 광대한 면적의 육지가 빙하로 덮여 있는 것을 말한다. 오른쪽 그림에 보이듯이 육지 위로 돔 모양의 얼음이 덮고 있는 모습이다. 빙상의 정상 부근에서는 얼음이 수직 방향으로만 이동하기에 전체적으로는 빙상 중앙에서 주변으로 얼음이 흘러간다. 기반암 위에 존재하는 빙상뿐만 아니라 육지에 연결되어 바다에 떠 있는 얼음(빙붕)까지 포함하여 빙상이라고도 한다. 현재 지구상에 존재하는 빙상은 남극 빙상과 그린란드 빙상 두 개뿐이다. 기온이 낮아 얼음 양이 훨씬 많았던 최종 빙기(가장 최근의 빙기)에는 두 빙상 이외에도 북아메리카 대륙에 로렌시아 빙상, 북유럽에 스칸디나비아 빙상이 출현하여 현재보다 훨씬 넓은 면적이 두꺼운 얼음으로 덮여 있었다.

빙상은 기후 변동의 영향을 받아 변화하지만, 빙상의 존재 자체가 기후에 영향을 미치기도 한다. 넓은 면적에 걸쳐 두꺼운 얼음이 존재하면 대기의 흐

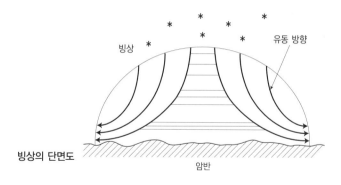

빙상의 단면도

름이 막히거나 태양 에너지의 흡수가 어려워지기 때문이다. 또 댐과 같은 역할을 하던 빙상이 갑자기 붕괴되면 다량의 담수가 바다로 흘러들어 해수의 염분 농도를 감소시키므로 해양 순환이 바뀌게 되고, 그 결과 기후가 급격하게 변화하는 것도 밝혀졌다.

빙모도 돔 모양의 얼음으로서, 빙상보다 면적이 작은 것을 가리킨다. 모자 같이 봉곳하게 솟은 모양을 하고 있으므로 이런 이름이 붙여졌다. 빙상처럼 정상에서는 얼음이 수직 방향으로만 이동하므로 빙모의 경우도 중앙에서 주변을 향하여 얼음이 흘러간다.

지구상에는 남극과 북극, 고산 지대에 다수의 빙모가 존재한다. 캐나다의 배핀 섬에 위치하는 반즈 빙모와 페니 빙모는 지금은 각각 독립된 빙모이지만 최종 빙기에는 모두 로렌시아 빙상의 일부였던 것으로 생각된다.

빙모는 모양과 얼음의 흐르는 성질이 빙상과 매우 비슷하지만, 면적이 작은 만큼 두께도 얇다. 작은 면적에 두꺼운 얼음이 놓이게 되면 얼음의 강도가 약하여 잘 붕괴되므로 작은 면적에 두꺼운 빙모가 생기는 일은 없다.

43
지구상의 얼음 대부분을 차지하는 남극 빙상

남극 대륙은 연안 일부와 누나탁(빙상 위로 튀어나온 산)을 제외하면 대부분 얼음으로 덮여 있다. 국제지구물리관측년 이후 조사가 진행되면서 얼음 두께와 모양에 관한 추정치가 꾸준히 제시되어 왔다. 1970년대부터는 레이더와 인공위성 등 하이테크 기술을 사용한 관측과 조사가 이루어져 정확도가 높은 데이터도 갖추어졌다. 그럼에도 불구하고 워낙 광대한 지역이므로 남극 빙상 전역에 걸친 정확한 데이터는 현존하지 않는다. 비행기에 레이더를 탑재하여 얼음 두께와 얼음 밑 기반 지형을 정확하게 측정하려는 계획을 세웠다고 할지라도 남극 전체의 관측이 끝나려면 수십 년이 걸리기 때문이다.

남극 빙상의 면적은 1,205만km²이며, 빙붕을 포함하면 1,359만km²이다. 남극은 일본 면적의 30배(한반도 면적의 55배)를 넘는 거대한 얼음 대륙이다. 또 남극 빙상의 체적은 2,938만km³이며, 빙붕을 포함하면 3,011만km³이다. 만일 남극의 얼음이 전부 녹게 되면 해수면은 70m나 상승한다. 그러면 전 세계 주요 도시의 상당수가 바다 밑으로 가라앉아 버리게 된다. 그러나 여간해서는 온난화로 남극의 얼음이 녹아 버리는 일은 없을 것 같다. 오히려 약간의 온난화라면 강설량이 증가하여 남극 빙상이 확대될 가능성도 지적되고 있다.

남극 대륙은 남극횡단 산맥을 포함하는 동쪽 부분(동남극)과 그 서쪽 부분(서남극)에서 지질 구조, 기반 지형, 얼음 두께 등 많은 차이를 보인다. 얼음 두께의 경우 남극 빙상 전체로는 평균 2,450m이지만, 동남극 빙상은 2,638m로 서남극 빙상의 1,781m보다 1.5배 정도 두껍다. 가장 두꺼운 곳의 얼음 두께는 4,000m가 넘는다. 평균 표고를 비교하면 동남극 빙상은 2,653m로서 서남극 빙상 1,342m의 약 2배이다.

동남극과 서남극에서 얼음의 평균 두께와 표고가 다른 이유는 빙상 밑에 놓여 있는 기반의 평균 표고가 다르기 때문이다. 기반 지형의 조사는 아직 충분하지 않지만, 기반의 표고 추정치는 동남극과 서남극이 각각 평균 15m와 −440m이다. 놀랍게도 서남극의 거의 전역이 해수면보다 낮다.

남극에서는 대륙 연안과 내륙에서 내리는 눈의 양이 크게 차이가 난다. 예를 들면, 연안에 위치하는 쇼와 기지는 연 강수량이 200~300mm이지만, 쇼와 기지에서 1,000km 내륙으로 들어가 있는 돔 후지 관측점은 30mm 정도로서 사하라 사막과 비슷하다. 남극의 내륙은 그야말로 얼음 사막이다. 내륙은 추위도 혹심하여 돔 후지 관측점의 연평균 기온은 −54℃, 최저 기온은 −79℃를 기록하고 있다. 동식물이 전혀 서식할 수 없는 혹독한 환경이다. 한편, 눈이 적다는 것은 그만큼 날씨가 좋은 날이 많다는 것을 의미한다. 쇼와 기지에는 겨울이 되면 블리자드가 빈번하게 몰아치지만, 돔 후지 관측점에는 블리자드가 거의 발생하지 않는다.

44 | 얼음으로 덮인 녹색 나라, 그린란드

그린란드의 측량 조사는 1878년 덴마크 정부에 의하여 시작되었다. 남극 빙상과 마찬가지로 1970년대에 들어서야 레이더와 인공위성 등 하이테크 기술을 사용한 조사가 이루어지게 되었다.

그린란드 육지의 약 80%는 빙상으로 덮여 있다. 그린란드 빙상의 면적은 173만km²로서 일본 면적의 4.6배(한반도 면적의 7.9배)이다. 또 그린란드 빙상의 체적은 260만km³이며, 지구상 담수의 10%를 차지하고 있다. 얼음 두께는 평균 1,515m이며, 가장 두꺼운 곳에서 3,500m이다. 표고는 평균 2,132m이며, 가장 높은 곳은 3,200m이다.

얼음으로 덮인 대륙을 왜 그린란드(녹색 나라)라고 할까? 이것은 982년 에릭(Erik the Red)이라는 사람이 그린란드를 발견했을 때, 온난한 기후가 오랫동안 지속된 후라서 연안 지대가 녹색으로 덮여 있었기 때문이다. 그러나 이후 그린란드가 그렇게 온난했던 적은 없었으므로 운명의 장난이라고 할 수 있을 것이다. 그린란드보다 훨씬 온난하고 식생이 풍부한 아이슬란드가 '얼음의 나라'로 불리게 된 이유도 기후 변동과 관계가 있다. 865년경 바이킹 프로키가 아이슬란드로 이주하려고 처음 찾아왔을 때, 그곳은 마침 한랭기에 놓여 있었다. 프로키는 혹심한 겨울 추위로 소를 잃고 해빙으로 완전히 덮인 피오르를 보며 실의에 차서 노르웨이로 돌아갔다. 그로부터 약 10년

그린란드 빙상 위로 떠 있는 보름달 (아라이 테루오 촬영)

후인 874년에 잉골푸르 아르나르손은 급속한 온난화의 도움을 받아 아이슬란드 이주에 성공했다. 이후 많은 사람들이 아르나르손을 뒤따랐다.

현재 그린란드 빙상은 동쪽과 서쪽의 기후가 다르며, 특히 북부 지역에서 강수량의 차이가 크다. 그린란드 동안은 해안을 따라 북극해로부터 한류(그린란드 해류)가 흐르고, 해빙이 넓게 발달하고 있기 때문에 수증기 공급원으로부터 멀리 떨어져 있으며, 저기압도 별로 발달하지 않아 강수량이 적다. 반면에 서안은 배핀 만 안쪽의 폴리니아(빙상에 둘러싸인 해면)에 면하고 있으므로 수증기가 다량으로 공급되어 강수량이 많다. 연평균 기온도 같은 위도에서 보면 동쪽이 서쪽보다 낮다.

그린란드 내륙은 남극 내륙만큼 기온이 내려가지 않으며 강수량도 적지 않다. 그린란드 정상에 위치하는 서밋 기지는 연평균 기온 −32℃, 최저 기온 −60℃, 연 강수량 210mm이다.

45

태고의 환경 조사를 위한 정보원, 빙상

2003년 현재 남극 빙상의 세 개 지점에서 대규모의 굴착 프로젝트가 진행되고 있다. 세 곳 모두 채굴하려는 것은 바로 얼음이다. 돔 C 관측점에서는 이탈리아와 프랑스를 중심으로 유럽 국가들이, 코넨 기지에서는 독일을 중심으로 유럽 국가들이 그리고 돔 후지 관측점에서는 일본이 각각 남극 빙상 깊숙이 잠들어 있는 태고의 얼음을 굴착하려고 노력하고 있다. '제2기 돔 후지 관측 계획'으로 명명된 일본의 프로젝트는 3,028m 깊이에 놓여 있는 기반까지의 빙상 굴착을 목표로 하고 있다. 그런데 왜 각국이 남극 빙상을 굴착하고 있을까?

돔 후지 관측점에서는 제1기 심층 굴착 계획으로 이미 1996년 12월 2,503m 깊이까지의 빙상 굴착에 성공했다. 채취한 얼음을 분석한 결과, 2,503m 깊이의 얼음은 약 32만 년 전에 내린 눈이 얼음으로 변한 것이라는 사실을 알게 되었으며, 과거 32만 년 동안 지구상의 기후와 환경이 변화해 온 모습이 밝혀졌다. 그러나 유감스럽게도 장비의 문제로 기반까지는 굴착할 수 없었다. 현재 돔 후지 관측점에서는 제1기의 계획보다 더 오래된 80만 년 전의 얼음을 입수하여 기후 및 환경 변화를 연구하기 위한 새로운 굴착 계획이 진행되고 있다.

남극에서 1,000m가 넘는 심층 굴착이 이루어진 것은 미국의 버드 기지가

돔 후지 관측점의 빙상 굴착 광경

최초로서, 1968년 2,164m 깊이의 기반까지 굴착에 성공했다. 이후 러시아가 보스토크 기지에서 심층 굴착을 시작했다. 보스토크 기지의 굴착은 장기간에 걸쳐 진행됨으로써 굴착 기록은 계속 갱신되었다. 1998년에는 러시아, 미국, 프랑스가 공동으로 3,623m 깊이까지 굴착했지만, 기반에는 도달하지 못한 채 현재 굴착이 일시 중단된 상태이다. 빙상 밑의 호소에 접근했기 때문으로 호소의 물과 생물을 오염시키지 않는 새로운 굴착 기술이 개발되기를 기다려 작업을 재개할 계획이다.

현재까지 지구상에서 가장 깊은 곳의 얼음은 보스토크 기지에서 굴착한 것이지만, 가장 오래된 얼음은 돔 C 관측점에서 2003년 2월 3,201m 깊이에서 굴착한 얼음으로 80만 년보다 더 오래된 것으로 추정하고 있다. 돔 C 관측점에서는 기반까지 앞으로 수십 미터 남은 것으로 예상하고 있으며, 기반에 도달하면 얼마나 오래된 얼음이 발견될지 기대가 모아지고 있다.

46

얼음을 파면 어떻게 과거의 기후를 알 수 있을까

　빙상 굴착으로 어떻게 과거의 기후를 알 수 있을까? 남극과 북극은 기온이 매우 낮으므로 이곳의 빙상과 빙하 표면의 눈은 여름에도 거의 녹지 않는다. 새로 내린 눈은 오래된 눈 위에 계속 쌓이게 되고, 아래쪽 눈은 위쪽 눈의 무게로 단단해져 서서히 얼음으로 바뀐다. 빙상과 빙하 표면의 눈은 최근에 쌓인 것이지만, 깊은 곳에는 과거에 쌓인 눈이 눌려 단단해진 얼음이 있다. 눈이 치밀해지면서 얼음으로 변하는 과정에서 공기가 얼음 속에 갇히기 때문에 깊은 곳의 얼음 속에는 그 기원이 된 눈이 내렸던 시대의 공기가 포함되어 있다. 그러므로 남극과 북극의 빙상과 빙하는 그냥 거대한 얼음덩어리만이 아니다. 태고부터 현재까지 눈과 공기가 시대순으로 냉동 보존되어 있는 귀중한 타임캡슐이다.

　타임캡슐에 기록된 메시지를 해독하기 위하여 빙상과 빙모를 굴착하고 눈과 얼음 시료를 파낸다. 굴착한 눈과 얼음은 원기둥 모양을 하고 있으므로 설빙 코어-코어는 심(芯)을 의미한다-로 불리고 있다.

　눈과 얼음을 구성하는 물 분자의 산소와 수소에는 질량수만 다를 뿐 나머지 성질은 거의 같은 동위체가 있다. 이 동위체의 비율은 눈이 만들어질 때의 온도에 따라 변하며, 기온이 높을수록 산소와 수소의 무거운 동위체 비율이 높아지는 것으로 알려져 있다. 그러므로 설빙 코어의 산소와 수소의 동위체비를 분석하면 과거의 기온을 추정할 수 있다. 즉 설빙 코어에는 과거 지구상의 기온이 기록되어 있는 것이다.

설빙 코어에 포함되어 있는 공기를 분석하면 공기 성분이 시대와 함께 어떻게 변화했는지도 조사할 수 있다. 이산화탄소와 메탄 등 지구 온난화에 기여하는 온실기체 농도는 지난 수십 년간 세계 각지에서 직접 대기를 채취하여 측정하고 있지만, 그 이전의 데이터는 전혀 없다. 그러나 굴착된 설빙 코어를 분석하면 100년 전은 물론 수십만 년 전의 이산화탄소와 메탄 등의 농도를 추정할 수 있다.

설빙 코어 속에는 공기 이외에도 많은 물질들이 포함되어 있다. 예를 들면, 화산회, 바다에서 날아온 소금, 바다 플랑크톤이 만들어 낸 물질, 육상 생물 기원의 물질, 사막 모래 같은 육상 기원의 먼지, 삼림 화재로 인한 매연 성분, 우주선(宇宙線)에 의하여 생성된 방사성 물질 등 실로 다양하다. 최근 100년에서 200년 사이에는 인간 활동으로 생성된 물질도 남극과 북극의 설빙 코어 속에서 검출된다. 석유와 석탄 등 화석 연료의 연소에 기인하는 산성 물질과 중금속, 핵 실험과 원자력 발전소의 사고로 인하여 방출된 방사성 물질, 화전 농업에 의한 매연 등 매우 다양하다. 이런 물질을 분석함으로써 과거의 지구 환경을 추정할 수 있다.

47

양극의 빙상 굴착으로 환경 변동을 밝힐 수 있을까

빙상 굴착은 왜 남극뿐만 아니라 그린란드에서도 이루어지고 있을까? 남극과 북극에서 일어난 기후 및 환경 변동은 다른 것으로 생각되므로 지구 규모의 기후 및 환경 변동의 메커니즘을 해명하기 위해서는 양극에서 빙상 굴착을 실시할 필요가 있다. 깊이 1,000m가 넘는 심층 굴착은 실은 남극보다 그린란드에서 먼저 이루어졌는데, 1966년 미국은 캠프 센추리에서 1,375m 깊이의 기반까지 굴착했다. 또 1981년에는 미국, 덴마크, 스위스 3개국이 공동으로 다이쓰리(Dye-3) 기지에서 2,037m 깊이의 기반까지 굴착했다.

1980년대 말이 되어 극지 연구자들의 염원이었던 빙상 정상의 서밋 기지에서 굴착이 시작되었다. 1992년 유럽 국가들이 3,029m 깊이의 기반 부근까지 굴착했으며, 그 이듬해 미국이 3,053m 깊이의 기반에 도달했다. 두 굴착 지점은 30km밖에 떨어져 있지 않았다. 두 프로젝트는 어느 쪽이 먼저 기반에 도달할지를 두고 심한 경쟁 체제에 놓여 있었다. 미국은 유럽보다 일 년 늦게 기반에 도달했지만, 그 대신 기반암을 1.55m 채굴하는 데 성공했다. 기반암에 포함되어 있는 방사성 동위체를 분석하여 기반암이 얼음에 덮인 시기를 추정할 수 있었다. 현재 추가 시료를 구하기 위하여 서밋 기지보다 더 북쪽에 위치한 노스그립 기지에서 덴마크를 중심으로 한 유럽 국가들이 일본, 미국과 공동으로 굴착을 실시하여 2003년 7월에는 3,085m 깊이의

데본 빙모(캐나다) 굴착 현장을
견학하는 원주민들

기반에 도달했다.

남극과 북극의 빙상뿐만 아니라 빙상보다 규모가 작은 빙모 그리고 알프스, 히말라야 등의 빙하에서도 굴착이 진행되고 있다. 지구상의 여러 지점에서 기후 및 환경 변동의 차이를 연구하기 위해서이다. 빙모와 빙하는 빙상에 비하여 얼음 두께가 훨씬 얇으므로 몇 년씩 걸리는 빙상의 심층 굴착보다 손쉽고 또 적은 비용으로 작업이 가능하다.

북극역에 광대한 면적을 지닌 캐나다에서는 최근 북극의 원주민들 사이에서 자기 선조의 땅에 대한 의식이 높아지고 있다. 그래서 캐나다의 연구자는 원주민들에게 빙모의 굴착 조사를 이해시키기 위하여 때때로 비행기를 빌려 그들을 빙모 위로 초대하고 굴착 모습을 견학시키고 있다. 일본인이 캐나다의 빙모 굴착에 참가하면 원주민들과 외관이 흡사하므로 친근감이 느껴져서인지 약간 득을 보는 일도 있다.

48

빙기와 간빙기는 어떻게 다를까

돔 후지 관측점에서 굴착된 2,503m의 설빙 코어를 분석하면 과거 32만 년간 산소동위체비($\delta^{18}O$)가 낮았던 한랭한 시기(빙기)가 3회, 산소 동위체비가 높았던 온난한 시기(간빙기)가 4회 있었음을 알 수 있다. 최종 빙기에는 빙기에서 간빙기로 들어가기 직전인 2만 년 전 무렵이 가장 한랭했음도 알 수 있다. 최종 빙기에서 후빙기(현재의 간빙기)로 이행될 때 기온은 약 9℃ 상승했다. 홋카이도의 삿포로와 규슈의 가고시마 사이에 연평균 기온의 차이가 9℃인 것을 생각한다면, 얼마나 큰 기후 변동이었는지 알 수 있다.

돔 후지 설빙 코어에서도 빙기와 간빙기는 약 10만 년을 주기로 규칙적으로 반복되고 있다. 남극뿐만 아니라 그린란드에서 굴착된 설빙 코어의 산소 동위체비의 변동에도 10만 년을 주기로 빙기와 간빙기의 변동이 보이며, 변동이 발생하는 모습도 남극과 거의 일치하고 있다. 이것은 빙기와 간빙기라는 대규모의 기후 변동이 전 지구적 현상이라는 것을 의미한다.

빙기는 간빙기보다 오래 계속되어 10만 년 가운데 간빙기는 겨우 1만 년 정도이다. 현재는 간빙기가 이미 1만 년 정도 계속된 뒤이므로 슬슬 빙기로 들어가는 시기에 접근하고 있다. 1960년대부터 1970년대 전반에 걸쳐 북반구의 기온이 그 이전 20년간에 비하여 낮아지고 있었기 때문에 당시에는 '이대로 기온이 점점 내려가 빙기가 오는 것은 아닌가' 하는 위기감이 고조

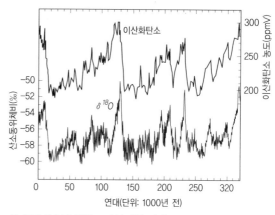

돔 후지 관측점 설빙 코어의 해석 결과

되었다. 그러나 그 후 기온은 상승했으며, 1980년대가 되자 이번에는 인간 활동에 의한 이산화탄소의 증가가 지구 온난화를 초래하고 있음이 문제가 되었다. 앞으로 지구의 기후는 어떻게 변할까?

이런 수수께끼를 푸는 힌트가 설빙 코어에 숨겨져 있다. 돔 후지 코어 속에 포함되어 있는 공기를 추출하여 이산화탄소 농도를 측정한 결과에 따르면, 빙기에는 농도가 낮고 간빙기에는 농도가 높음을 알 수 있다. 인간 활동에 의한 영향이 문제가 되기 이전에 이산화탄소 농도와 기온의 변동은 연동하고 있었다. 그러면 이대로 이산화탄소가 계속 증가하면 지구는 빙기에 돌입하지 않고 점점 더워질까? 그 답은 아직 발견되지 않았지만, 빙기에서 간빙기로 이행될 때 이산화탄소는 남극에서 기온 상승이 시작된 후 수백 년에서 천 년 정도 지난 후에 증가하기 시작했을 가능성이 높다. 그러나 아직 상세한 것은 알 수 없다. 그래서 각국이 기후 변동의 메커니즘을 해명하기 위하여 새로운 설빙 코어의 굴착에 공을 들이고 있다.

49

밀란코비치 사이클

　빙기와 간빙기가 주기적으로 교대하는 이유가 완전하게 해명되지는 않았지만, 지구의 공전 및 자전 운동의 주기적인 변화에 의한 것으로 생각되며, 그 주기적인 변화에는 세 가지 요소가 있다. 지구의 공전 궤도는 원형에 가까운 궤도와 타원형 궤도 사이에서 변화하고 있다. 원형 궤도에서 벗어난 정도, 즉 이심률의 변화는 10만 년 주기와 41만 년 주기가 있다. 공전면에 대한 자전축의 기울기는 22°와 24.5° 사이를 4.1만 년 주기로 변화하고 있다. 또 자전축이 흔들리는 세차 운동의 주기는 클 때는 2.3만 년, 작을 때는 1.9만 년이다. 이심률의 변화, 자전축 기울기의 변화 그리고 세차 운동의 변화라는 세 요소에 의하여 지구 궤도는 수만 년에서 수십만 년의 시간 스케일로 주기적으로 변화한다.

　이런 변화에 동반되어 지구와 태양의 위치 관계도 변화하기 때문에 지구가 태양으로부터 받는 일사량도 달라져 춥고 더움이 생기게 된다. 세르비아인 수학자이자 천문학자인 밀란코비치(Milanković)가 1920년 처음으로 일사량의 변동을 이론적으로 정밀하게 계산하고, 빙상의 발달을 일사량의 변화로 설명했다. 이 위대한 과학자의 이름을 기념하여 일사량의 주기적인 장기 변동을 '밀란코비치 사이클'이라고 부른다.

　그러나 밀란코비치의 학설은 오랫동안 잊혀졌다. 그가 세상을 떠난 지 18

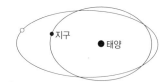

지구 타원 궤도의 변화: 10만 년 및 41만 년 주기

밀란코비치 사이클의 세 요소

자전축 경사(22~24.5°)의 변화: 4.1만 년 주기

자전축의 세차 운동: 2.3만 년 및 1.9만 년 주기

년이 지난 1976년 제임스 헤이스, 존 임브리, 니콜라스 섀클턴 세 사람이 인도양의 해저 퇴적물을 분석하고, 과거 50만 년의 기후 변동이 밀란코비치 사이클을 따르고 있다는 논문을 발표함으로써 밀란코비치 사이클은 다시 많은 연구자로부터 주목을 받게 되었다.

밀란코비치 사이클에는 확실히 10만 년 주기의 변동이 있으므로 빙기와 간빙기가 교대하는 주기와 일치한다. 그러나 10만 년 주기를 지닌 이심률의 변화는 일사량을 최대 0.2%밖에는 변화시키지 못한다. 이에 동반된 지상의 기온 변동은 기껏해야 0.5℃ 정도에 불과하다. 이것으로는 빙기와 간빙기 사이에 발생하는 9℃의 변화를 설명할 수 없다. 수수께끼는 이외에도 여러 가지가 남아 있다. 예를 들면, 빙기와 간빙기가 교대로 출현하게 된 것은 2백만 년 전이지만, 그 주기가 10만 년이 된 것은 80~90만 년 전이다. 빙기와 간빙기의 시작은 무엇이 원인이었을까? 그 주기가 처음에는 왜 10만 년 주기에서 벗어나 있었을까? 현재 많은 연구자가 이런 수수께끼에 도전하고 있다.

50

빙하는 어떻게 만들어질까

빙하는 어떻게 만들어질까? 추워서 강이 얼면 빙하가 될까? 얼더라도 강은 흐를까?

빙하는 하천이 얼어서 형성된 것이 아니다. 얼음이 '강처럼' 흐르는 것이 빙하이다. 지면에 쌓인 눈은 그 위에 쌓인 눈의 무게에 눌려 줄어들고 단단해진다. 만일 눈이 여름에도 녹지 않는다면 다음 해에 내리는 눈이 위에 또 쌓여 더욱 눌리고 단단해진다. 처음에는 쌓인 눈 사이에 공기가 통할 수 있는 공극이 있으므로 이곳으로 숨을 불어 넣으면 반대쪽으로 빠져나간다. 그러나 계속 쌓이면서 줄어들고 단단해지면 점차 통기성이 나빠지며, 마침내 숨이 전혀 통하지 않게 될 때까지 줄어들고 단단해진 눈이 바로 얼음이다.

얼음은 바위처럼 보이지만, 바위만큼 단단하지는 않으므로 자기 무게로 인하여 부서지기도 한다. 눈이 치밀해져 두꺼워진 얼음은 그 두께를 감소시키기 위해 주변으로 퍼지는 성질이 있다. 이것은 지구의 인력이 얼음을 잡아당기기 때문이다. 이때 얼음 밑의 지면에 높낮이가 있으면 얼음은 낮은 쪽으로 흘러간다. 평지가 아니고 사면에 얼음이 놓여 있다면 얼음은 모양을 바꾸지 않은 채 사면 아래쪽으로 이동한다. 이런 이동과 변형이 결합하여 얼음은 산에서 골짜기로 그리고 바다로 흘러간다.

얼음의 움직임은 강물의 흐름처럼 빠르지 않아 보고 알 수 있을 정도의 속도는 아니다. 얼음에 깃발이라도 꽂아 표시해 놓고 일 년 뒤에 가 보면, 약간 하류로 옮겨져 있는 깃발을 보고 이동하고 있음을 겨우 알 수 있을 정도의 느린 움직임이다.

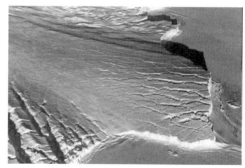

바다로 흘러나온 빙하

빙하는 눈이 많이 내리고 여름에도 녹지 않는 곳에 발달한다. 그러므로 빙하는 추운 나라에서만 볼 수 있는 경관이다. 현재 일본에는 유감스럽게도 빙하가 출현하지 않는다. 반면에 극지는 이런 빙하의 보고이다. 그곳에서는 내리는 눈의 양은 그다지 많지 않지만, 녹는 양이 훨씬 적기 때문에 눈이 축적되고 얼음이 되어 산에서 흘러내린다.

남극과 그린란드는 육지의 90% 이상이 빙하로 덮여 있다. 흐름이 느리기 때문에 빙하의 폭은 점점 커져서 인접 빙하와 닿아 하나로 연결되면 빙상이라는 이름을 갖게 된다.

아무리 춥더라도 눈이 내리지 않고 얼음이 없으면 빙하는 존재하지 않는다. 러시아 동부 지역은 세계적으로 기온이 낮은 곳이지만, 강설량이 극단적으로 적기 때문에 빙하의 공백 지대이다. 북극권에 있는 한랭 지역일지라도 조건이 갖추어지지 않으면 빙하는 만들어지지 않는다.

51

크레바스는 끝이 없을까

빙하에는 크레바스라고 불리는 갈라진 틈이 있다. 그런데 크레바스에는 바닥이 없다고들 하는데, 정말로 크레바스에 빠지면 끝없이 떨어질까?

빙하는 폭도 경사도 변하는 바닥이 울퉁불퉁한 골짜기를 흘러내린다. 골짜기 측벽에 닿으면서 흐르는 가장자리와 중심부 빙하의 유동에 대한 저항은 각기 다르다. 얼음은 흐른다고는 하지만 액체와 같이 주위의 상황에 맞추어 신속하게 모양을 바꾸지는 못한다. 예를 들면, 곡저의 경사가 갑자기 급해지는 곳에서 앞에서 전진하던 얼음이 급격하게 가속했을 경우 뒤에서 따라오던 얼음이 같은 속도로 가속하지 못하면 뒤떨어지게 된다. 그러면 지금까지 똑같이 이동하고 있던 얼음 사이에 간격이 벌어진다. 이것이 크레바스이다.

빙하가 이동을 할 때 지형 등의 영향으로 얼음에 무리한 힘이 가해지게 되는데, 이를 응력이라고 한다. 여러 가지 원인으로 발생한 응력이 어느 한계를 넘으면 빙하가 부서지며 갈라진 틈이 생긴다. 원인이 무엇이든 빙하 표면의 갈라진 틈을 크레바스라고 하며, 모두 빙하의 유동에서 기인한다. 또 크레바스에는 반드시 바닥이 있다. 수 미터 깊이의 얕은 크레바스가 있는가 하면, 빙하 밑 지면까지 갈라져 입을 벌린 깊은 크레바스도 있다.

크레바스 바닥에 내려가 섰다고 상상해 보자. 머리 위를 올려다보면 두 개

평행하게 늘어선 크레바스 군
(가미야마 다카요시 촬영)

의 수직 얼음벽이 서로 마주보고 있고, 그 사이로 좁다란 파란 하늘이 보인다. 얼음벽은 자기의 무게 때문에 부풀어 올라 크레바스의 폭을 좁힌다. 특히 하중이 큰 하부가 눈에 띄게 부풀어 오른다. 크레바스 내부에는 얼음벽의 팽창을 방해하는 것이 없으므로 서서히 부풀어 오르다가 서로 부딪치는 곳에서 마침내 팽창을 멈춘다. 즉 크레바스의 양쪽 벽이 달라붙은 것이다. 달라붙은 곳이 새롭게 만들어진 바닥으로서, 그 위치가 전보다 높아졌다. 크레바스의 심부는 이렇게 해서 닫혀 간다. 그래서 크레바스의 깊이는 보통 30m 정도이며, 아주 깊은 곳일지라도 70m에서 닫혀 있다.

크레바스는 순식간이라고 해도 좋을 만큼 단시간에 생긴다. 반면에 벽이 부풀어 오르는 데는 시간이 걸린다. 생긴 지 얼마 되지 않은 새 크레바스에서는 벽의 하부가 아직 부풀어 오르고 있다. 바닥이 완성되지 않은 것이다. 아직 바닥이 없으므로 새 크레바스는 바닥이 없는 것처럼 깊숙이 갈라져 있다. 그러나 생긴 후 충분히 시간이 지난 크레바스는 심부에서 닫혀 있다. 크레바스에 빠지더라도 오래된 크레바스라면 70m 이상 떨어질 염려는 없다.

52

크레바스의 얼음은 왜 파랗게 보일까

빙상 표면에 눈이 바람에 날려가고 파란 얼음이 노출되어 있는 지역이 있다. 이를 청빙(靑氷) 지대라고 부르며, 얼음은 블루 아이스라고 한다. 빙하의 크레바스를 들여다보면 그 얼음은 파란색이다. 본래 얼음은 투명한데, 어떻게 파란 얼음이 있을까?

그것은 빛이 얼음 속에서 색상별로 나뉘어져 청색만이 눈에 도달하기 때문이며, 그곳 얼음에 특별히 색이 있는 것은 아니다. 빛은 다양한 파장으로 이루어진 전자기파로서, 광속이라는 일정한 속도로 전달되어 간다. 각 파장의 전자기파는 눈에 들어올 때 특정한 색으로 식별된다. 붉은색은 긴 파장의 전자기파, 보라색은 짧은 파장의 전자기파이다.

얼음은 스스로 빛을 내지 못한다. 그러므로 어두운 밤에는 얼음을 바라보아도 보이지 않는다. 다른 곳에서 발사된 빛을 받아야 비로소 얼음이 눈에 보이게 된다. 또 눈은 표면에 미세한 요철을 지닌 일종의 얼음 덩어리이다. 설면에 닿은 빛은 그대로 반사된다. 모든 파장의 전자기파를 빠뜨리지 않고 반사하는 것을 하얗다고 한다. 그러므로 태양 아래에서 눈은 순백으로 빛난다. 반면에 석양은 붉은빛이므로 설산은 붉게 물들게 된다.

얼음 표면이 매끄러운 경우에 빛은 반사되지 않고 내부로 진입할 수 있다. 단 거의 수직으로 얼음에 부딪친 빛만이 진입할 수 있다. 수직보다 작은 각도로 비스듬하게 닿은 빛은 표면이 매끄러워도 반사되어 역시 하얗게 보인다.

얼음에 진입한 빛도 파장에 따라 돌진력이 다르다. 붉은빛은 맹렬하게 어디로나 직진한다. 그러나 연약한 파란빛은 얼음 결정에 가로막혀 종종 진로가 바뀐다. 진로 변경을 거듭하는 중에 파란빛이 180° 방향을 바꾸어 입사한 표면을 통하여 다시 밖으로 나오는 수가 있다. 이 빛이 눈에 들어오므로 얼음이 파랗게 보이는 것이다.

빙폭(氷瀑)의 측벽.
얼음의 갈라진 틈은 크레바스이다.

얼음 속을 전진하는 빛은 붉은빛이든 파란빛이든 조금씩 흡수된다. 흡수되기 어려운 정도를 투명도라고 한다. 완전히 유턴을 하려면 파란빛의 경로는 길어져야 한다. 얼음의 투명도가 상당히 높지 않으면 표면에서 바라본 얼음은 파랗게 보이지 않는다.

빛이 얼음 윗면으로 입사하고 얼음에 세로 방향으로 갈라진 틈이 있는 경우를 생각해 보자. 파란빛이 윗면으로 돌아오지 않아도 갈라진 틈의 얼음벽을 통하여 밖으로 나올 수 있다. 경로가 훨씬 짧아진다. 크레바스를 들여다보면 파란 얼음이 보이는 것은 입사할 때는 모든 전자기파가 다 모여 있었으나 도중에 청색만이 탈락했기 때문이다.

53

바람이 만든 지형, 사스트루기

극지의 설면 특히 빙상 표면은 수면과 같이 평탄할까? 쌓인 눈의 양이 장소에 따라 다르므로 꼭 평탄하다고 말하기는 어렵지만, 대부분의 설면은 매끄러운 표면을 지닌다. 그러나 요철이 생겨 표면에 미지형이 형성되어 있는 경우도 자주 발견된다. 이 요철의 설면을 사스트루기(sastrugi)라고 부른다.

극지에는 물이 없고 눈도 녹지 않으므로 대지에 지형을 만드는 주역은 바람이다. 바람은 설면을 깎고, 깎인 눈을 다른 장소로 옮길 수 있다. 바람이 불 때마다 그 흐름을 따라 오른쪽으로 왼쪽으로 눈이 이동한다. 이렇게 바람에 깎인 설면에는 완만한 기복이 보일 뿐이며, 아직 심한 요철은 나타나지 않는다.

바람이 늘 일정하게 불지는 않는다. 때로는 마치 홈통 속을 흐르듯이 집중하여 분다. 홈통 바깥쪽에도 바람이 불지만, 풍속은 홈통 안에서만 현저하게 강하다. 홈통 중심부에서 최대가 되며 가장자리로 갈수록 약해진다. 홈통 안에서는 눈이 깎이고 운반되어 가며, 바깥쪽에서는 바람이 약하므로 눈이 쌓인다. 그 결과 홈통을 따라 높이가 최대 20cm 정도인 눈으로 이루어진 낮은 제방이 만들어진다. 밭이랑 같은 이 제방을 듄(dune)이라고 부른다. 듄은 완만하고 높이도 낮기 때문에 설상차나 썰매로도 쉽게 통과할 수 있다.

바람이 강한 곳일수록 바람의 압력으로 인하여 설면은 단단해진다. 이를 두고 풍압(風壓)을 받았다고 표현한다. 풍압을 받아 단단해진 설면도 강한 바람에 의하여 천천히 깎일 수 있다.

극지의 눈도 일정 시간 계속 내리다가

설면 위로 튀어나온 사스트루기 (기즈 노부히코 촬영)

일단 그치면 다음 강설까지 며칠간 좋은 날씨가 이어진다. 눈이 그치기 직전에 내린 눈 입자는 장시간 설면에 있게 되므로 풍압을 받아 단단해지며, 바람이 직접 닿지 않는 아래쪽 눈은 내렸을 때처럼 부드럽다. 표면에 단단한 보호층이 생겨 부드러운 심부를 보호하고 있는 상태이다. 이런 설면에 강한 바람이 불면 비록 느린 속도이긴 하나 단단한 보호층도 깎이게 된다. 그러다 어딘가 한곳에 구멍이 생기면 그곳을 통하여 바람이 눈 속으로 들어가 부드러운 눈을 깎기 시작한다. 결국 아래쪽에 빈 공간이 생기게 되고 표면의 보호층은 무너지고 만다.

강풍은 여기에서도 종종 홈통 모양으로 불며 눈의 제방을 형성한다. 몇 가닥의 홈통이 늘어서고 홈통과 홈통 사이의 단단한 층은 바로 밑의 부드러운 층을 보호하면서 제방처럼 남게 되는데, 그 높이가 때로는 1m에 가깝다. 이런 사스트루기는 단단하고 날카로운 모습을 하고 있기 때문에 교통 장해를 일으키기도 한다. 온통 백색의 단조로운 설면에 형성된 사스트루기는 극지의 멋을 더하는 눈 조형물이다.

54

빙상 아래에 존재하는 호소, 빙저호

　남극 대륙 중심부의 러시아 보스토크 기지 부근에서 얼음 밑 암반과의 사이에 수괴(水塊)가 발견되었다. 수괴는 빙상 표면으로부터 3,600m 깊이에 위치하고 있다. 면적이 15,000km²에 이르는 거대한 빙저호(氷底湖)로서, 보스토크 호라고 부르고 있다. 최근 연구에 따르면 호소의 최심부는 1,000m가 넘는 것으로 알려졌다. 이 호소는 두꺼운 얼음 덮개로 밀봉된 채 백만 년이라는 오랜 기간을 외계로부터 격리되어 왔다. 어떻게 얼지 않았는지, 또 생물은 존재하는지 등 다양한 검토가 이루어지고 있다.

　극지의 빙하 표면에서 수직 갱도를 파면, 밑으로 내려갈수록 얼음 온도는 내려간다. 표면에서의 온도도 빙점하이다. 심부에 있는 보스토크 호는 당연히 얼어 있어야 한다. 그런데 왜 호소의 물은 얼지 않았을까?

　여름에 빙상 위에서 구멍을 뚫고 밑으로 내려간다고 생각해 보자. 표면 부근의 얼음은 여름 기온을 나타낸다. 얼음 속으로 열이 전달되는 데는 시간이 걸리기 때문에 조금 뚫고 내려가면, 현재 기온은 아직 전달되지 않은 채 지난달의 기온을 나타낸다. 조금 더 뚫고 내려가면, 그곳에는 전전달의 기온이 얼음 속에 기록되어 있다. 봄에서 겨울로 시간이 역행하므로 깊어지면 깊어질수록 온도는 내려간다. 여기까지는 처음 생각했던 대로이다.

　그러나 구멍이 더욱 깊어지고 지난겨울 온도를 나타내는 층을 통과하면,

지난가을 온도가 되어 얼음의 온도는 조금 높아지게 된다. 그 층 아래에는 지난여름의 기온을 나타내는 얼음이 있으며, 온도는 지금과 거의 같다. 그곳에서 밑으로는 이상의 반복이다. 조금 높아지거나 낮아지거나 하면서 사계절을 나타내는 온도 분포를 그리며 심부로 향한다.

온도가 다른 얼음들이 인접하고 있으면 시간은 걸리지만 온도는 평균화되며, 온도의 높고 낮음을 보여 주는 변동 폭은 작아진다. 깊으면 깊을수록 평균화가 진행되므로 빙상 표면에서 30m 정도 내려가면 변동 폭은 실제로는 제로가 된다. 그 이상 아무리 파 내려가도 그 장소의 연평균 기온을 보여 주는 일정 온도만 나타나게 된다. 깊어질수록 얼음 온도가 낮아진다는 것은 표면 부근만의 이야기이다.

그러면 전 지구적 시점에서 빙저호의 존재를 생각해 보자. 지구의 중심은 6,000℃라는 고온이며, 우주는 −273℃이다. 우주에서 지구 중심을 향하여 온도를 측정해 가면 서서히 올라가다가 어딘가에서 0℃가 된다. 우주 공간과 지구 중심 사이에는 반드시 0℃가 되는 지점이 존재한다. 이 지점은 중·저위도에서는 상공에 있으며, 극지에서는 암반 속에 있는 경우가 많은 것 같다. 그러면 이 암반 위의 얼음은 우주 쪽의 저온 영역에 있으므로 녹는 일은 없다. 그러나 0℃가 되는 지점이 암반보다 위쪽의 얼음 속에 있다면 그곳에 있는 얼음은 녹아 버린다. 그리고 '빙저호다!' 라고 소동이 일어나는 것이다.

55

영구동결호와 부동호

남극의 드라이 밸리(Dry Valley)에는 연중 표면이 얼어 있는 영구동결호(永久凍結湖)와 -50℃ 이하의 혹한 속에서도 얼지 않는 부동호(不凍湖)가 존재하는 불가사의한 현상이 나타난다.

세 개의 골짜기로 이루어진 드라이 밸리에서 가장 북쪽에 위치하는 빅토리아 밸리의 비다 호는 여름에도 완전히 얼어 있으므로 영구동결호로 생각할 수 있다. 비다 호는 표고 400m의 노암 지대에 위치하는데, 남극에서 표고 400m의 높이에 빙하가 존재하지 않는 것은 매우 진귀한 일이다. 그런데 호소의 물은 왜 녹지 않을까? 인근의 기온이 여름에도 영하이고 바람도 강하므로 온종일 태양으로부터 강한 햇빛이 쏟아진다고 해도 얼음을 녹일 만큼의 에너지는 아닌 것으로 생각할 수 있다.

호소의 얼음을 굴착하여 조사한 결과, 비다 호는 호소 표면부터 바닥까지 전부 얼어 있는 것이 아니라 표면 부근과 바닥에는 두께 수십 센티미터의 미동결층이 존재하고 있음이 밝혀졌다. 표면 부근의 미동결층은 강한 햇빛 때문에 얼음이 녹은 것으로 추정하고 있다. 반면에 호소 표면의 얼음이 녹지 않는 것은 낮은 기온 때문이다. 호소 표면의 20~30cm 두께의 얼음층이 유리 역할을 하며 표면 부근에 천연 온실이 형성된 것이다. 겨울에는 물론 이 미동결층도 모두 언다.

호소 바닥에도 1m 정도의 미동결층이 존재하는 것으로 추정되고 있다. 영구동결호라고 해도 여름에는 주위의 크고 작은 빙하로부터 융빙수가 유입되어 함양되므로 적어도 여름

부동호 돈후안 연못의 모습

동안에는 호소 바닥에 미동결층이 존재하는 것이 당연할지도 모른다.

드라이 밸리의 라이트 밸리는 반다 호 서쪽 끝에서 북쪽 골짜기와 남쪽 골짜기로 나누어진다. 남쪽 골짜기의 반다 호에서 서쪽으로 13km 떨어진 곳에 돈후안 연못(Don Juan Pond)이 있다. 돈후안 연못은 부동호로서 남쪽과 북쪽은 골짜기 절벽으로, 동쪽과 서쪽은 모레인으로 막힌 곡저에 위치하며 표고는 122m이다.

연못의 모습은 직경 300~700m의 원형이며, 수심은 10~20cm로 얕아 연못이라기보다는 넓은 물웅덩이 같다. 여름에는 지하수 형태로 흘러 들어오는 융빙수로 면적이 확대된다. 수심이 얕으므로 수면에는 크고 작은 돌이 산재한다. 돌이 수면에 닿는 부근에는 염분이 정출되어 하얀 결정이 끼어 있다. 염분의 농도는 해수의 6배이다. 높은 염분 농도 때문에 바깥 기온이 −54℃라는 저온임에도 불구하고 결빙되지 않는, 드라이 밸리의 유일한 부동호라고 볼 수 있다.

1963년 돈후안 연못을 조사한 일본인 화학자 일행은 연못 안에 백색의 침상 결정이 석출되어 있는 것을 발견했다. 이를 분석한 결과 염화칼슘 6수화염으로 동정되었다. 남극 관측 사상 처음으로 새로운 광물이 발견된 것이다.

56

빙산은 어떻게 만들어질까

극지의 바다에는 왜 빙산이 떠 있을까? 빙산도 원래는 육상에 있었지만, 바다로 밀려 나왔기 때문에 고향으로 돌아가지 못하고 바다를 떠돌고 있는 것이다.

빙하는 내륙에서 연안으로 흐르며, 때로는 그 끝부분이 해안선을 넘어 해상까지 도달한다. 처음 수심이 낮은 곳에서는 해저에 바닥이 닿아 있다가 바다가 깊어지면 뜨기 시작한다. 바다에 뜬 얼음도 육상의 얼음에 연결되어 있는 한 그 장소에 머물러 있다. 그러나 어느 날 연결 부분이 부서지면서 분리되면, 자유로워진 얼음은 그대로 해류에 실려 여행을 시작한다. 이것이 빙산이다.

빙산의 크기는 다양하다. 십여 미터의 작은 것이 있는가 하면, 길이 100km의 거대한 것도 존재한다. 두께는 원래 빙하의 두께로서 적어도 수백 미터에 달한다. 큰 빙산은 부서지며 분리된 직후에는 모두 편평한 탁상 모양을 하고 있다.

종종 '빙산의 일각' 이라는 말을 한다. 얼음의 밀도는 0.9이지만, 빙산의 밀도는 속에 균열이 있어 0.6 정도이므로 높이 30m의 빙산이라면 바다 밑으로 180m나 가라앉아 있는 셈이 된다.

해수는 보통 얼지 않는다고 생각하는데, 어는 경우도 있다. 동결된 해수를 해빙이라고 한다. 극지의 바다에서는 해빙이 수면을 덮고 있고, 빙산이 여기저기에서 얼굴을 내밀고 있다. 해빙이 벌판이라면 빙산은 산이라는 느낌이다. 해빙은 얇아 두께는 고작해야 수 미터이다. 그 가운데 90%

막 생겨난 빙산

가 물에 잠겨 있다. 해빙은 해수 표면의 흐름과 바람을 타고 떠내려간다.

빙산은 흘수가 깊으므로 수십 미터 깊이의 해류에 의해서도 운반된다. 바람과 표층 해류, 심층 해류는 속도뿐만 아니라 흐르는 방향도 다르다. 바로 옆에 있는 해빙과 빙산이 각기 다른 방향으로 흘러가는 것은 직접 보아도 불가사의한 광경이다.

빙산의 얼음은 육지에 내린 눈이 압밀, 고결된 것이다. 해수가 동결된 해빙보다 훨씬 단단하다. 빙산에 부딪치면 강철로 만든 배일지라도 부서진다. 그러므로 극지의 바다에서 배를 운항하는 사람들에게 빙산은 매우 위험한 장해물이다. 빙산이 멀리 보이더라도 안심할 수 없다. 보이는 것은 전체의 10%뿐이다. 나머지는 수중에 감추어져 있다. 더욱이 빙산의 모양은 불규칙하다. 물 아랫부분이 반드시 물 윗부분의 바로 밑에 있다고 보장할 수 없다. 배 쪽을 향하여 수면 밑으로는 단단한 얼음 팔을 뻗고 있는지도 모른다.

수면 위의 '작은' 빙산을 발견했다면 그것은 일부에 불과하다. 그 몇 배나 되는 크기의 얼음이 수면 아래에 숨어 있다고 생각해야 한다. '빙산의 일각'이라는 표현이 그 경고를 시사하고 있다.

57

바다로 밀려나온 빙하는 어떻게 될까

빙하가 산을 내려와 해안선까지 흘러오면 그 다음은 어떻게 될까? 하천은 산을 내려와 들을 가로질러 마지막에는 바다로 들어간다. 하천도 바다도 물로 만들어져 있다. 합류하여 서로 섞이면 어느 물이 하천에서 왔고 어느 물이 바다에 있었는지 알 수 없게 된다.

빙하도 물질로 보면 '물'로 만들어져 있다. 기본적으로는 보통의 하천과 마찬가지로 최종적으로는 바다로 흘러들어가 끝을 맺는다. 단 빙하의 얼음은 고체이므로 어딘가에서 얼음이 녹아 물이 되는, 즉 고체에서 액체로 변하는 단계가 필요하다.

비교적 따뜻한 곳을 흐르는 빙하는 바다에 도달하기 전에 끝부분이 녹아버린다. 산을 내려오면 저지는 기온이 높으므로 언 채로 있기는 어렵다. 얼음이 녹아 생긴 물은 보통의 하천이 되어 바다로 여행을 계속한다. 하천이 빙하와 바다를 잇는다고 할 수 있다. 바다로 흘러들어간 하천의 상류에 빙하가 있는 경우가 있다.

극지에는 표고가 0m인 저지에서도 아직 얼음이 녹지 않을 만큼 기온이 낮은 장소가 있다. 빙하는 고체인 채 '하구'를 통과하여 바다로 들어간다. 지금까지는 대지가 무거운 빙하를 지탱하고 있었다. 반면에 얼음은 물보다 가볍기 때문에 바다로 나온 빙하는 물에 뜬다. 빙하 본체에서 바다로 돌출한 모습이 선반과 흡사하므로 빙붕(氷棚)이라고 부른다. 빙붕은 해안선이 육지 쪽으로 우묵하게 들어간 지역에 잘 발달한다. 남극의 로스 빙붕은 면적이 50만km²로서 프랑스 면적과 거의 같다.

로스 빙붕

그런데 빙붕이 따뜻한 해수와 계속 접촉하고 있으면 바다로부터 열을 받아 녹아 버리지 않을까? 해수는 염분을 포함하고 있으므로 결빙점이 −1.9℃이다. 그러므로 빙하가 곧 녹아 버리는 일은 없다. 빙붕은 해수에 의하여 가열되나 그 속도는 대단히 느리다. 녹을 염려가 없다고 해도 좋을 정도이다.

빙붕이 부서지는 원인의 하나로 해수의 운동을 들 수 있다. 해수면은 조석 운동 등으로 인하여 끊임없이 상하 운동을 하고 있다. 그 위에 떠 있는 빙붕도 똑같이 상하 운동을 한다. 그런데 한쪽 끝은 육상에 고정되어 있고 다른 한쪽은 바다 위에서 움직이면 무리가 생겨 부서진다. 그러나 같은 힘이 작용하더라도 두꺼운 빙붕은 좀처럼 부서지지 않는다. 또 해수면의 상하 운동 폭은 장소에 따라 다르다. 해수면이 심하게 오르내리지 않는 장소의 두꺼운 빙붕은 수백 년씩 살아남아 점차 더욱 거대한 빙붕이 된다.

그러나 거대한 빙붕도 언젠가는 부서진다. 부서지면 커다란 빙산이 탄생한다. 빙붕은 거대 빙산의 둥지이다.

58

북쪽 바다라면 어디서나 유빙을 볼 수 있을까

해빙과 유빙은 어떻게 다른 것일까? 북극은 춥기 때문에 바다 표면에 해빙이 발달한다. 액체 상태의 해수 위로 얼음이 떠 있는 매우 아름다운 광경이다. 이 해빙이 남쪽의 해역까지 흘러온 것이 유빙이다. 일본에서는 홋카이도의 북쪽 바다에 가야 유빙을 관찰할 수 있다.

유빙이 찾아오는 것으로 유명한 홋카이도 아바시리의 위도는 북위 44°로서, 유럽으로 치면 프랑스 남부의 코트다쥐르, 북아메리카라면 밴쿠버(49°)와 샌프란시스코(37°)의 중간이다. 그러나 그 어느 해안선에서도 얼음은 보이지 않는다. 그러면 어떻게 아바시리 앞바다와 같이 따뜻한 바다에서 유빙을 볼 수 있을까?

홋카이도의 북쪽에 펼쳐져 있는 오호츠크 해는 캄차카 반도, 쿠릴 열도, 홋카이도, 사할린으로 둘러싸여 커다란 만의 형태를 하고 있다. 만 안의 수면은 완전하지는 않더라도 외해, 특히 태평양과는 격리되어 있다. 만이라기보다는 호소라고 부르는 것이 좋을지도 모른다.

이곳과 비슷한 위도의 바다에서는 해안 가까이에서 해수가 얼더라도 얼음인 채로 오래 있지는 못한다. 곧 외해로 흘러나가 비교적 따뜻한 해수와 섞여 녹아 버리는 것이 보통이다. 그러나 북부 오호츠크 해는 아시아 대륙에서 한랭한 바람이 불어오면 아무르 강으로부터 다량의 담수가 유입하는 곳에

훗카이도 바다를 장식하는 유빙
(요시오카 미키 촬영)

서 염분 농도가 낮아져 해빙이 만들어지기 쉽다. 또 오호츠크 해는 지형으로 인하여 외해인 태평양과는 분리되어 있다. 그러므로 일단 얼어 버리면 한동안 얼음인 채로 존재할 수 있다. 캄차카 반도와 쿠릴 열도 동쪽으로 따뜻한 물이 흐르고 있어도 직접 접촉하지 않기 때문에 가능하다.

훗카이도 연안의 남부 오호츠크 해는 해수가 얼지 않는다. 북부에서 생긴 해빙이 흘러올 뿐이다. 이것도 동쪽에 반도와 열도가 늘어서 있는 지형 때문에 해빙이 외해로 흘러가지 못하고 남쪽의 훗카이도를 향하여 이동하기 때문이다.

훗카이도 연안에 닿은 유빙은 그곳에서 녹아 생을 마감하는 것이 보통이다. 때로는 시레토코 반도에서 네무로 반도를 돌아 구시로 앞바다까지 얼음인 채로 흘러오는 일도 있다. 옛 기록에는 에리모 곶까지 돌아간 해도 있다고 한다. 그러나 동해 쪽으로 유빙이 오지 않는 것은 이곳이 만의 바깥쪽이기 때문이다.

유빙을 보기 위해서는 역시 일본 훗카이도의 북쪽 해안까지 가야 할 것 같다.

59

북극은 남극보다 살기 쉬울까

북극해는 어떤 바다일까? 북극은 남극에 비하여 살기가 좋다고 하는데 왜 그럴까?

대륙으로 둘러싸인 바다를 지중해라고 한다. 유럽의 지중해가 유명하지만, 지구상에는 이외에도 많은 지중해가 있다. 북극점을 중심으로 북아메리카와 유라시아 두 대륙으로 둘러싸인 해역을 북극해라고 한다. 유럽 지중해보다 5배나 크며, 일본 국토 면적의 40배(한반도의 64배)에 달하는 북극해는 지구상 최대의 지중해이다.

일반적으로 태양으로부터 에너지를 받으면 육지는 쉽게 따뜻해지고 쉽게 식는 반면에 바다는 따뜻해지기 어려울 뿐만 아니라 잘 식지도 않는다. 또 바다는 따뜻한 해수와 찬 해수가 섞임으로써 추운 지역에서도 따뜻함을 유지한다. 이런 성질로 인하여 겨울에는 육지가 춥고 바다가 따뜻한 지역차가 생긴다.

지중해는 주변 대륙에 의하여 냉각된다. 물론 육지에 접하고 있으면 지중해가 아닐지라도 냉각되지만, 지중해는 다른 바다보다 더 효율적으로 냉각된다. 지중해의 해안선이 같은 면적의 바다에 비하여 길기 때문이다. 또 냉각된 물은 지중해에서 쉽게 빠져나갈 수 없다. 그러나 바다의 냉각은 표면의 해수에만 국한된 것으로서, 깊은 곳에서는 겨울에도 따뜻한 해수가 존재한다. 하층의 수량이 압도적으로 많기 때문에 깊은 바다라면 전체적으로 어느 정도 이상은 냉각되지 않는다. 북극해는 평균 심도가 1,200m로 결코 얕은 바다가 아니다.

그러면 이때 북극해 주변의 대륙은 어떤 상태일까? 어느 정도의 열이 바다에서 육지로 이동했으므로 바다를 냉각시킨 것만큼 육지는 바

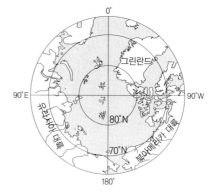

북극해를 둘러싼 대륙

다에 의하여 따뜻해져 있다. 결과적으로 북극해 연안의 육지는 고위도에 있으면서도 온난하다. 예를 들면, 북위 71°의 얀마옌 섬은 2월이 가장 추운 달이며, 평균 기온은 −5.5℃이다. 쇼와 기지(남위 69°)의 최한월 8월은 기온이 −19.7℃이므로 여기에 비하면 상당히 따뜻하다고 할 수 있다.

따뜻한 대지에는 동물의 먹이가 되는 식물이 뿌리를 뻗고 무성해지므로 동물도 번식한다. 인간에게는 식물도 동물도 모두 식량이 된다. 의복과 주거의 재료이기도 하다. 이런 자재가 확보될 수 있는 장소일수록 사람이 살기 쉬운 곳이다. 즉 북극해라는 지중해의 존재가 북극을 살기 좋게 만들고 있는 것이다.

북극해를 바라보고 있으면, 몇 개의 고대 문명이 유럽 지중해 주위에서 발달했던 것을 떠올리게 된다.

60

세계를 잇는 바다, 남극해

태평양과 대서양의 물고기들은 서로 만날 수 있을까? 남북 두 개의 아메리카 대륙이 두 개의 바다를 분리시키고 있다.

남극 대륙은 남극점을 중심으로 펼쳐지며, 그 주위를 바다가 둘러싸고 있다. 이 바다는 태평양, 대서양, 인도양이라는 세계의 3대양이 함께 모이는 장소로서, 동서 방향으로 지구를 일주하고 있다. 지구상에서 유일하게 지구를 일주하고 있는 바다, 즉 동경과 서경 모든 경선이 통과하고 있는 바다이다. 현재 이 바다를 남극해로 부르고 있으나 과거에는 남빙양으로 불렀다. 물론 북극해도 북빙양으로 불렀다. 아직도 남빙양이라는 이름을 더 멋지다고 생각하여 책 제목으로 사용하는 사람이 있기도 하다.

물은 다소 차갑지만 태평양을 남하하여 남극해를 경유하면 대서양으로 갈수 있다. 남극해가 연결시키고 있는 것은 물고기와 배뿐만이 아니다. 해수 자체의 교류에도 도움이 되고 있다. 만일 남극해가 없다면 로키 산맥과 안데스 산맥의 동쪽과 서쪽 사면에 내린 눈은 태평양과 대서양으로 흘러들어 그대로 뿔뿔이 흩어져 버릴 것이다.

수에즈와 파나마 두 운하가 열리기까지는 태평양에서 건조된 배는 남극해를 지나지 않으면 대서양으로, 대서양의 배는 태평양으로 회항할 수 없었다. 과거 선박은 모두 남극해를 경유하여 두 대양 사이를 왕래했으며, 항로는 남

얼음이 떠 있는 남극해
(니시야마 츠네오 촬영)

아메리카 대륙의 남단인 혼 곶이나 아프리카 대륙의 끝인 희망봉에서 인도
양을 거쳐 돌았다.

남극해는 추운 바다이다. 해상에 장애물이 적으므로 바람은 좀처럼 약해
지지 않는다. 동서 방향으로 세차게 부는 바람이 끊임없이 남극 대륙 주위를
돌고 있다. '희망봉' 이라는 이름에서 파도가 높게 치는 남극해를 거쳐 가는
항해가 얼마나 어려웠는지 엿볼 수 있다.

남극해에서는 차가운 심층수가 만들어지고 있다. 이 차가운 수괴는 매우
느리지만 남극해에서 저위도의 해역으로 흘러간다. 이 심층수도 남극해가
없다면 태평양과 대서양, 인도양 각각의 해역 안에 갇혀 그 안에서의 경로를
이동할 뿐이다. 남극해의 존재로 인하여 지구 전체를 망라하는 경로를 가질
수 있다. 그 결과 세계 어느 곳으로도 갈 수 있으며, 그곳의 기후에 영향을
주고 있다.

이렇게 남극해는 배와 물고기 같은 소소한 구성물뿐만 아니라 바다 자체
를 연결하며 세계의 바다를 하나로 만들고 있다. 남극해는 지구상에서 유일
한 바다의 교류로라고 할 수 있다.

61

바다가 얼면 어떻게 될까

바다의 규모를 고려한다면 바다에 있는 물을 전부 냉각시키는 것은 보통 일이 아닐 듯싶다. 그런데 극지의 냉기는 어떻게 해수를 얼릴 수 있을까?

해수의 성분은 대부분 물이다. 물은 지구상에 많이 존재하는 평범한 물질이다. 그러나 물은 여타 물질과는 달리 매우 특이한 성질을 갖는 물질이다. 바다는 이런 물로 채워져 있으므로 얼 수 있다.

모든 물질은 기체, 액체, 고체 가운데 한 가지 모습을 취하고 있다. 이런 모습을 상(相)이라고 한다. 압력과 온도가 결정되면 그 물질이 어떤 상으로 있기 쉬운지 또한 결정된다. 압력은 그다지 변하지 않는 것으로 간주하고 온도를 변화시키면 물질은 온도에 따라 모습을 달리한다. 온도가 충분히 높을 때는 전부 기체이다. '충분히' 고온인지 아닌지는 물질에 따라 다르다. 물의 경우 기화가 가능한 고온은 100℃이며, 이 온도보다 높은 물은 모두 기체로서 수증기라고 불린다.

고온이었던 물질을 일정 온도 이하로 냉각시키면 액체가 나타나며, 아직 기체도 남아 있다. 이 기체와 액체의 경계 온도를 끓는점이라고 한다. 즉 끓는점은 이보다 높으면 액체가 존재할 수 없는 온도로서 그 값은 물질마다 다르다. 그리고 더욱 냉각시키면 마침내 고체가 등장한다. 액체와 고체의 경계 온도를 어는점이라고 한다.

스피츠베르겐 섬 북쪽 바다의 해빙
(요시오카 미키 촬영)

    일반적으로는 기체에서 액체로 또는 액체에서 고체로 상의 변화가 일어나면 물질은 체적이 줄고 밀도가 커진다. 그러나 물에 한해서는 액체에서 고체로 변할 때 체적이 증가한다. 즉 물보다 얼음이 가볍다.

    여름에 해수의 온도는 어는점보다 높고 끓는점보다 낮다. 가을이 되면 한랭한 바람이 불어와 해수가 냉각된다. 일부 해수가 집중적으로 냉각되어 어는점 아래로 내려가면 해빙이 탄생한다. 바다에서는 해빙이 해수보다 가벼우므로 수면에 뜬다. 선상에서 바라보아도 해안에서 바라보아도 해수가 언 것을 알 수 있다. 바다가 물 이외의 다른 물질로 채워져 있다고 해도 그 물질의 어는점 아래로 냉각될 수 있다면 고체 상태로 얼 수 있지만, 물 이외의 물질은 어는 순간 무거워져 바닥으로 가라앉아 버리므로 바다가 정말 얼었는지 어떤지를 확인할 수 없다.

62

극지의 바다에도 생물이 있을까

표면이 얼어 있는 극지의 바다는 새하얗게 끝없이 펼쳐져 있다. 마치 사막과 같은 모습인데, 바다 사막에도 오아시스가 있을까?

얼어붙은 바다 위에도 폴리니아(polynya)라고 불리는 오아시스가 있다. 폴리니아는 얼음으로 둘러싸인 해수면으로서 마치 사막 속의 웅덩이 같다. 폴리니아는 여러 종류의 동물들이 무리지어 노는 근사한 오아시스이다.

바다 표면의 물이 동결된 해빙은 크게 해안에 붙어 있는 것과 자유롭게 표류하는 것으로 나누어진다. 해안에 고정되어 있는 해빙을 정착빙이라고 부르며, 외관은 큰 호소에 생긴 얼음과 다르지 않다. 반면에 표류하고 있는 해빙은 부빙(浮氷)이라고 부른다. 외해에서 태어난 부빙도 있고, 정착빙이 떨어져 만들어진 부빙도 있다. 부빙 평원은 커다란 빙판 한 개로만 이루어져 있지는 않다. 크고 작은 여러 개의 빙판이 혼재하며, 빙판의 두께도 각기 다르다.

전체적으로는 하나로 이어진 얼음 사막도 불규칙한 형태를 한 빙판들의 집합체이다. 자세히 보면 여기저기 구멍과 틈이 있으므로 빙판 가운데 수면을 찾을 수 있다. 그러나 부빙과 부빙 사이에 열려 있는 수면은 영구적이지 않으므로 폴리니아라고 할 수 없다.

폴리니아는 커다랗게 열려 있는 수면이다. 돛과 키의 조작만으로 범선의 방향을 바꿀 수 있는 정도의 수면을 폴리니아의 최소한의 크기로 보므로 그 직경은 수백 미터 정도일 것이다. 반면에 100km가 넘는 대규모의 폴리니아도 존재한다.

바람과 해류에 의하여 주변으로 얼음이 끊임없이 흘러나가는 장소는 얼음이 남지 않아 결국 폴리니아가 된다. 또 바다 심부에서 따뜻한 물이 올라오면 그 일대의 얼음이 녹아 폴리니아가 만들어진다.

대기와 해수가 맞닿으면 여러 가지 교환이 이루어진다. 교환하는 것은 열뿐만 아니라 산소 같은 대기 중의 기체와 해수 중의 염분도 포함된다. 얼어 있는 바다는 표면이 해빙으로 덮여 있기 때문에 대기와 접촉하는 데 방해를 받는다. 폴리니아는 이런 의미에서 귀중한 장소이다. 얼어 있는 주변과는 달리 폴리니아에서는 대기와 해수 사이의 교환이 집중적으로 이루어진다.

바다에 사는 포유동물은 때때로 수면 위로 얼굴을 내밀고 호흡해야 한다. 얼음과 얼음 사이의 틈으로도 코를 내밀고 숨쉴 수는 있으나 힘이 든다. 폴리니아를 찾아 심호흡을 하는 것이 훨씬 편하다.

포유동물이 모여드는 폴리니아에는 먹이를 찾는 다른 동물들도 모이므로 먹이사슬의 고리가 만들어진다. 물론 그곳으로 모여드는 동물이 반드시 상위 포식자만은 아니다. 먹이사슬의 하위 동물과 식물까지 다양하게 폴리니아를 찾는다. 그래서 얼음 사막의 오아시스는 온종일 활기차다.

63

추위로 인한 지면의 파괴, 주빙하 작용

빙상과 빙하가 발달하기 위해서는 한랭한 기후와 충분한 강설, 즉 물이 필요하다. 그러면 빙하가 존재하지 않는 지역에서는 어떤 일이 일어나고 있을까? 빙상과 빙하로 덮여 있지 않은 극역의 지역에서는 혹심한 추위로 인하여 동결과 융해가 반복되면서 지면의 침식이 진행된다. 이런 현상을 주빙하(periglacial) 작용이라고 한다. 주빙하 작용은 빙하 주변에만 국한되지 않는다. 오히려 빙하가 존재하지 않는 지역에서 대규모로 출현한다. 빙하가 없어도 한랭한 지역이라면 어디서나 볼 수 있다.

북반구에서 최저 기온을 기록하는 시베리아에는 빙하가 발달하지 않는다. 시베리아에 영향을 미치는 기단은 대서양과 인도양에서 습한 공기를 잔뜩 머금고 이동해 오지만, 코카서스 산맥과 히말라야 산맥을 통과할 때 수분을 사용해 버리므로 시베리아에 도달할 무렵에는 건조하고 한랭한 기단으로 바뀐다. 북극해에서 불어오는 북풍도 추위 때문에 건조한 기단이다. 그래서 시베리아는 빙하가 발달하지 않고 주빙하 작용이 일어난다. 북아메리카 대륙의 캐나다도 주빙하 작용이 활발한 지역이다. 태평양에서 들어오는 습윤한 기단이 로키 산맥을 넘을 때 가지고 있던 수분을 강설로 방출하고, 캐나다 상공에는 건조한 공기가 도달하기 때문이다.

한랭한 기후 지역에서 지면의 동결과 융해에 의한 주빙하 작용은 기온의

북알프스 쵸가다케 부근의 솔리플럭션 (아라이 테루오 촬영)

변화가 원인이므로 광역에서 동시에 일어나며, 면적(面的)으로 침식이 일어난다. 동결과 융해의 반복으로 면적(面的)으로 솟아오른 산릉부의 암석은 사면을 흘러내려 아래쪽에 집적된다. 이렇게 암석이나 자갈이 산지 사면을 흘러내리는 현상을 솔리플럭션(solifluction)이라고 한다. 고지대의 산릉부 전체가 면적으로 침식되어 낮아지며, 이 과정에서 생산된 암석과 자갈이 하곡을 메우므로 전체적으로 평활한 사면 지형이 만들어진다. 하천에는 유수가 없으므로 하곡을 메운 암석과 자갈이 바깥으로 운반되어 나가는 일은 없다.

사람이 돌을 늘어놓은 것이 아닐까라고 착각할 만큼 원형이나 다각형 같은 기하학적인 모양으로 자갈이 가지런하게 늘어서 있는 구조토(構造土)와 툰드라 평원에 점재하는, 핑고(pingo)라고 불리는 작은 구릉도 주빙하 작용으로 형성되는 전형적인 지형이다.

64

매머드가 잠들어 있는 툰드라

수만 년 전에 죽은 매머드의 고기를 어떻게 먹을 수 있을까? 그것은 매머드의 유체가 지하에 냉동 상태로 보존되어 있었기 때문이다. 빙하가 발달하지 않은 한랭 지역에는 지표로부터 200~300m 깊이까지 지면이 동결되어 있는 장소가 있다. 영구동토라고 하는 주빙하 현상의 하나이다. 영구동토는 북유럽, 시베리아 북부, 알래스카, 캐나다 북부, 그린란드 등의 툰드라 지대에 펼쳐져 있으며, 넓은 면적에 걸쳐 연속적으로 분포하고 있거나 섬 같이 점재하고 있다. 북극에는 영구동토가 잘 발달하고 있으나 토양이 거의 없는 남극에서는 잘 볼 수 없다.

툰드라 지대는 겨울에는 눈으로 덮이고, 2개월 정도의 짧은 여름에만 지표 부근이 융해되어 이끼류, 지의류, 관목이 번성하며 초원을 이룬다. 평탄한 지형이 많기 때문에 녹으면서 생긴 물이 배수가 되지 않아 도처에 습지가 출현한다. 이런 수분으로 생육이 촉진되어 습지에도 식물이 무성하다. 지하는 동결되어 있으므로 강우와 강설로 생긴 물은 지표 부근에 보전되어 생물에게는 좋은 환경을 만들며, 습지에서는 모기 같은 곤충도 여름에 번식을 반복하며 종을 보존하고 있다.

툰드라 지대에는 지표에서 생육하던 동식물의 유해가 누적되어 이탄층을 형성하고 있는 곳이 많다. 수만 년 전까지 북반구 북부 지역에 살았던 거대한 매머드는 어깨 높이가 3m나 되고, 긴 어금니를 가지고 있었다. 툰드라 지대의 땅속에 이 매머드의 유체가 대량으로 보존되어 있다. 영구동토가 천연 냉장고 역할을 하므로 썩지 않고 죽었을 때의 상태로 발견되기 쉽다. 매머드가 하천가의 절벽 같은 장소에서 발견되는 경우가 많았기 때문에 시베리아의 야쿠트 족과 퉁구스 족 사람들은 매머드가 땅속에 사는 동물이며 공기에 닿으면 죽는다고 믿었다. 매머드는 30cm를 넘는 흑갈색 센털과 짙은 갈색의 양모 같은 털을 가지고 있다. 1만 년 전에 죽은 동물임에도 불구하고 완전한 모피와 골격을 사용한 박제가 제작되고 있다.

매머드를 알게 된 유럽 인은 어금니에서 상아와 같은 가치를 발견하고 고가로 매매했다. 원주민은 고기를 식량으로 이용했던 듯한데, 지금도 매머드의 유체가 발견되고 그 고기가 썩지 않았다면 먹는 것 같다. 알래스카에 사는 지인은 매머드의 고기를 먹은 적이 있다고 하는데, 맛은 비프스테이크보다 못하다고 한다.

요즘 지구 온난화를 우려하는 목소리가 큰데, 영구동토가 녹으면 습지에도 심각한 문제가 일어난다. 불균등한 융해로 인하여 지표면에 단차가 생기므로 영구동토 위에 세워진 건조물은 기울어지거나 무너질 수 있으며, 도로와 철도도 엿가락처럼 휘어지는 등 영향을 받게 된다.

더욱이 전 지구적인 영향에 대한 우려도 커지기 시작했다. 툰드라의 이탄층에 들어 있는 탄산가스(이산화탄소)가 영구동토의 융해로 인하여 대기 중으로 방출되면 결국 지구 전체의 이산화탄소량이 증가하는 것이므로 온난화에 박차를 가하지는 않을까 생각하기 때문이다.

65

구조토와 핑고

한랭한 대기가 지면에 닿으면 무슨 일이 일어날까? 한랭한 시베리아와 캐나다의 평야, 빙하에 덮이지 않은 남극 지역에는 주빙하 현상으로 인하여 주빙하 지형이 발달하고 있다.

대표적인 주빙하 지형으로 자갈이 지표면에 다각형, 원형, 선형 등의 모양을 만들며 늘어서 있는 미지형을 들 수 있는데, 이를 구조토라고 한다. 일본 알프스에는 '거북 연못(龜が池)'이나 '거북 등 연못(龜甲池)' 같은 이름의 연못이 점재하며, 연못 주위의 지표면에는 거북의 등 모양으로 갈라진 틈과 열지어 놓여 있는 자갈을 볼 수 있다. 이들도 모두 주빙하 지형에 속한다.

자갈이 왜 지표면에 거북의 등 모양으로 늘어서는지 충분히 해명되지는 않았지만, 땅 내부의 동결과 융해가 원인인 것은 분명하다. 흙 속의 수분이 동결하여 체적이 팽창하면 그 힘으로 표면의 토사와 자갈이 위로 솟아오른다. 토사와 자갈이 솟아오른 곳은 전체적으로 지면이 부풀어 오른 것으로 생각할 수 있다. 부풀어 오른 표면의 자갈은 불안정해지고, 주변의 낮은 곳으로 조금씩 이동한다. 낮은 곳에 자갈이 모이면 그곳은 여름에 빗물과 융빙수가 흘러 들어가기 쉬우므로 자갈은 더욱 낮은 쪽으로 이동한다. 그리고 전체적으로는 중앙이 볼록해지는 반면에 주변 저지에 원형이나 다각형 모양의 지형이 만들어진다는 것이 구조토 형성의 한 가지 견해이다.

스발바르 제도의 스피츠베르겐 섬과 캐나다 북서부, 시베리아 레나 강 유역 등에는 지표면부터 지하 수백 미터 깊이까지 완전히 동결된 평원이 펼쳐져 있다. 이들 영구동토의 평원에

남극 킹조지 섬의 구조토. 다각형 모양으로 배열된 자갈을 따라 이끼가 군생하고 있다.

서는 높이가 수 미터에서 수십 미터에 이르는 핑고라고 하는 작은 구릉을 볼 수 있다. 핑고도 주빙하 지형의 하나이다.

동결된 평원의 지표 바로 밑에는 계절에 따라 동결되거나 융해되면서 수분의 양을 늘려 가는 장소가 있는 것으로 생각된다. 결국 그 장소에는 거대한 토빙이 만들어지고, 토빙이 생긴 만큼 지표면도 부풀어 올라 핑고가 형성된다. 지표면이 완전히 동결되면 수분의 공급이 없어지므로 토빙은 성장을 멈추고 핑고도 더 이상 성장하지 않는다. 핑고의 성장 속도는 성장이 빠른 시기에는 일 년에 30cm나 부풀어 오르는데, 높이가 40m를 넘는 핑고는 수천 년에 걸쳐 만들어지는 것으로 추정하고 있다.

남극에서도 지면이 노출하고 있는 지역에는 일부 영구동토가 존재한다. 그러나 남극에서는 토층이 얇고 또 건조하므로 영구동토는 대규모로 발달하지 못하며 핑고도 나타나지 않는다.

66

하천과 빙하의 세 가지 작용

빙하(氷河)에는 왜 '하천'을 뜻하는 글자(河)가 들어 있을까? 설빙권의 하천은 수권의 하천과 똑같이 지구면에 작용하고 있으며, 이런 작용으로 인하여 지표면에는 독특한 지형이 만들어진다.

하천의 유수는 지형을 만든다. 하상이 침식되기 직전의 유속을 한계속도라고 한다. 유수가 한계속도보다 빨라지면 하상에 놓인 모래와 자갈은 파이고 측벽은 깎인다. 이런 현상을 침식이라고 한다. 지반이 약한 곳에서는 침식이 진행되고, 그 과정에서 암괴는 작게 부서진다. 유수는 하상에 놓인 모래와 자갈을 하류로 흘려보낸다. 사력의 일부는 물속에서 용해되고, 자갈은 하상을 따라 구르면서 운반된다. 하천가에 둥근 자갈이 보이는 것은 운반 작용으로 깎이면서 구르기 쉬운 모양으로 변했기 때문이다. 운반되어 온 모래와 자갈은 결국 멈추게 되며, 이런 현상을 퇴적이라고 한다. 퇴적 작용은 하상의 경사가 완만해질 때, 운반 물질이 증가할 때 또는 유량이 감소할 때 일어난다.

침식, 운반 및 퇴적이 자연계에서 일어나는 하천의 세 가지 작용이며, 이들 작용을 통하여 지표면에 다양한 지형이 만들어진다. 산악 지대에는 깊은 V자곡이 형성되고, 하류에는 선상지와 평야가 발달한다.

빙하는 적설과 저온으로 형성된다. 얼음은 고체이나 물엿처럼 소성적 성질을 가지고 있으므로 오랜 시간이 지나면 모습이 변한다. 골짜기를 메우고 있는 빙하는 중력 작용으로 인하여 골짜기 상류에서 하류로 천천히 흘러내린다. 유동하는 것이다. 유동하는 과정에서 빙하도 하천과 마찬가지로 침식, 운반, 퇴적의 세 가지 작용을 하며, 이를 빙하 작용이라고 한다. 또 빙하 작용으로 형성된 지형을 빙하 지형이라고 부르며, 골짜기는 U자형이 되는 등 아름다운 경관이 출현한다.

빙하의 침식 작용을 빙식 작용이라고도 한다. 빙식 작용은 빙하 바닥의 암석을 뜯어내는 파쇄 작용과 암석면을 문질러 닳게 하는 마식 작용이 있다. 이 마식 작용으로 인하여 양배암(羊背岩)이라고 불리는 둥근 모습의 바위가 늘어서 있는 지형이 만들어진다.

빙하는 지면에서 뜯어낸 암괴와 주변 암벽에서 떨어진 암석을 그 표면에 싣고 흘러간다. 울퉁불퉁한 암괴를 상류에서 하류로 나르는 운반 작용이다. 운반되는 것은 사력과 암괴뿐만 아니라 마식 작용으로 생긴 암설과 암분도 포함된다. 빙하가 녹아 유수로 변하면 물속에 암설과 암분이 섞여 뿌연 것을 볼 수 있다.

빙하의 끝부분에서 얼음은 녹고 운반되어 온 암괴는 그대로 남아 퇴적된다. 암괴의 퇴적을 퇴석 또는 모레인(moraine)이라고 한다. 모레인은 유동하는 빙하 측면에 제방 모양의 구릉이나 빙하 끝부분에 혀 모양의 구릉으로 나타난다. 하천에 의하여 운반된 돌이 둥근 모습을 띠고 있는 반면 빙하로 운반된 모레인의 암괴는 울퉁불퉁하다.

67

남극 대륙 연안의 노암과 해저곡

대륙 연안의 해역에는 대륙붕이라고 하는 수심 200m 정도의 얕은 바다가 펼쳐져 있다. 그런데 북극해를 감싸는 유라시아 대륙의 대륙붕 수심은 200~400m이며, 남극 대륙 주변 대륙붕 끝부분의 수심은 400~600m인 곳이 많아 다른 지역보다 2~3배 더 깊은 편이다. 극역의 대륙붕은 왜 수심이 깊을까?

대륙붕 깊이의 차이에 대해서는 다음과 같은 이유를 생각할 수 있다. 유라시아 대륙 앞바다의 대륙붕은 해수면이 현재보다 훨씬 낮은 빙기에 형성된 평야에 해수가 침입하여 현재와 같은 모양이 되었다. 또 남극 대륙은 현재도 빙상으로 덮여 있고, 그 무게로 대륙붕을 포함한 전 지역이 내려앉아 있는 것으로 생각할 수 있다. 지각이 빙상의 무게로 맨틀 속으로 내려앉아 있는 현상을 아이소스타시(isostasy)라고 한다.

남극 대륙붕에는 도처에 해저곡으로 불리는 수심 600m가 넘는 깊은 골짜기가 파여 있다. 쇼와 기지가 있는 뤼초홀름 만 중앙부에서 동부 연안으로도 몇 줄기의 해저곡이 분포한다. 해저곡의 단면은 U자형이며, 육상 빙하의 연장선상에 위치하고 있다. 골짜기는 도중에 깊어지며 바다 쪽으로 얕아지는 곳도 있다. 이들 골짜기는 뤼초홀름 만 안쪽에 위치하는 시라세 빙하가 현재보다 훨씬 확대되었던 시대에 깎여 형성되었다. 당시의 해수면은 현재보다

양배암이 늘어서 있는 남극 뤼초홀름 만 연안의 노암 지대

낮아 대륙붕의 상당 부분은 아직 육상에 있었다.

　이 해저곡을 만들어 낸 빙하 활동으로 뤼초홀름 만 연안의 노암 지대에는 암벽이 깎이거나 마모되어 양의 등 같은 모양의 섬들이 점재하게 되었다. 이 들 양배암 표면에는 매끄럽게 마모된 면이 노출되어 있거나 찰흔이 남겨져 있어 대규모의 빙하 지형임을 알려 주고 있다. 빙하의 찰흔은 빙하 바닥으로 끌려 들어온 암석이 빙하에 끌려가면서 기반암 표면에 가늘고 긴 여러 줄기 의 선 모양으로 흔적을 새긴 것이다.

　뤼초홀름 만의 해저곡에는 수심이 1,500m가 넘는 깊은 지점도 있다. 육상 에 있었다면 빙하호가 되었을 지형이다. 육상에서는 양배암 사이의 와지에 호수가 점재한다. U자곡은 아니더라도 전체가 빙상에 덮여 침식된 것이다.

68

빙하가 만든 골짜기, U자곡

　빙하의 침식, 운반 및 퇴적 작용으로 만들어진 지형을 빙하 지형이라고 한다. 빙하 끝부분에 형성되어 있는 모레인을 제외하면 빙하가 사라지기 전에는 그 모습을 볼 수 없다. 그러나 극역과 고산의 빙하가 후퇴한 지역은 물론 중위도 지역에서도 빙하 시대에 형성된 빙하 지형을 볼 수 있다. 그러면 빙하 지형은 어떤 지형일까?

　하천이 만든 골짜기는 가파르고 험준한 V자형을 이루고 있어 V자곡으로 부르는 반면에 빙하가 사라진 골짜기는 그 양쪽에 깎아지르듯이 솟아오른 절벽이 많고 단면이 U자형이므로 빙식곡 또는 U자곡으로 부른다. U자곡은 가장 대표적인 빙하 지형이다. 빙하의 유동으로 골짜기 바닥과 측벽 모두 마모되고 깎이지만, 빙하의 침식 작용은 특히 바닥에서 탁월하게 일어난다. 빙하는 유동적인 성질이 있다 하더라도 하천만큼 자유롭게 흐르지 못한다. 그래서 유로에 장애가 되는 지형은 깎아 없으며 상당히 직선적인 골짜기를 만든다.

　골짜기 바닥의 튀어나온 부분이 깎이고, 그 표면은 마모되어 둥근 모습을 띤 거대한 바위와 둥근이 U자곡 곡저에 점재한다. 그 모습이 양의 등을 닮았다고 하여 양배암으로 부른다. 도려내듯이 깎인 와지도 점재한다. 와지에는 물이 고여 빙하호라고 하는 호소를 만든다. 골짜기 안에는 퇴적 지형인 모레

일본의 대표적 빙하 지형인 야리사와 권곡. 골짜기 중앙에 모레인이
보인다. (아라이 테루오 촬영)

인도 있다. 모레인은 빙하에 운반되어 그 끝부분에 쌓인 암괴가 빙하가 소멸
되면서 그대로 남겨진 것이다. 구릉이나 작은 산과 같이 보이기도 한다. 모
레인과 모레인 또는 모레인과 양배암 사이의 와지에는 빙하호가 점재한다.

알프스와 히말라야의 골짜기를 메운 빙하를 산악 빙하라고 한다. 산악 빙
하의 정상 부근이나 빙식곡의 최상류에는 아이스크림을 숟가락으로 파낸
듯한 둥근 모양의 권곡(Kar)이 형성된다. 산악 빙하의 정상 부근에는 또 사
방이 빙하에 깎인 세모꼴 모양의 지형이 남는다. 이를 호른(Horn)이라고 하
며 알프스의 마터호른이 유명하다.

일본에 남아 있는 빙하 지형은 대부분 권곡과 빙하 끝부분의 모레인이다.
일본의 명산 야리가다케는 호른이며, 그 동사면의 야리사와는 권곡이다. 남
동쪽에서 바라보면 모레인이 혀처럼 뻗어 있는 모습을 잘 알 수 있는 관광
명소이다.

69

해수면보다 낮은 호소, 남극의 염호

지구상에는 염분 농도가 해수보다도 높은 염호라는 호소가 존재한다. 염호는 어떻게 생기는 것일까?

아라비아 반도의 이스라엘과 요르단의 경계에 위치하는 사해는 호수면의 표고가 −395m로서 해수면보다 낮은 호소로 유명하다. 남북으로 길게 뻗은 사해는 길이가 75km, 폭은 15km이며, 면적은 1,020km²이다. 요르단 강이 흘러들고 있으나 유출구는 없으며, 호수면의 수위는 증발로 인하여 일 년 내내 거의 일정하게 유지된다. 사해의 염분은 23~25%로 해수의 5배나 되며, 고무 튜브가 없어도 몸이 수면 위로 뜬다. 생물은 찾아볼 수 없다. 사해는 이렇게 불가사의한 호소이다.

남극에도 수면의 표고가 해수면보다 낮은 호소가 존재한다. 남극 대륙 연안의 노암 지대에는 많은 호소가 점재하고 있으며, 그 가운데 수면이 해수면보다 낮은 호소가 있다. 연안의 노암 지대는 과거에는 빙상에 덮여 있었다. 빙상이 후퇴한 후에 해수가 침입했지만, 빙상이라는 하중이 없어졌기 때문에 지면이 융기하면서 바다와 분리된 저지대는 해수가 가득 담긴 호소가 되었다. 호소의 물은 해가 지나면서 증발되어 사라졌다. 여름철에는 주변의 빙하로부터 융빙수와 융설수가 유입되지만, 공급되는 양보다 증발되는 양이 많으므로 수위는 조금씩 낮아지고 염분은 농축되어 염호가 출현한 것이다.

쇼와 기지에서 남쪽으로 40km 떨어져 있는 대륙 연안의 노암 지대에는 '배 바닥 연못(舟底池)'과 '절구 연못(すりばち池)'으로 불리는 해수면보다 수면이 낮은 염호가 두 개 있다.

남극 뤼초홀름 만 연안의 배 바닥 연못. 사진 너머가 바다이다.

호소 주변에는 농축되어 정출된 염분이 백색 퇴적물로 분포하며, 멸종된 바다 생물의 화석이 남아 있다.

배 바닥 연못의 수면은 해수면보다 24m 낮으며, 바다와의 사이에는 5m의 안부(鞍部)가 있다. 동서 및 남북 길이는 각각 750m와 250m이고, 깊이는 약 9m이다. 하늘에서 내려다보면 불상의 주형광배(舟形光背) 같은 모습으로 보인다. 수면 부근과 수면보다 31m 높은 지점에서 조개 화석이 발견되고 있다. 절구 연못의 수면은 해수면보다 31m 낮으며, 바다와는 10m와 15m의 안부로 분리되어 있다. 연못의 크기는 장경 900m, 단경 800m로 타원형이며 깊이는 약 30m이다. 연못 주위에서 조개와 넓적집갯지렁이 화석을 많이 볼 수 있다. 연못 동쪽으로는 양배암의 하나인 표고 258m의 '절구 산(すりばち山)'이 있다. 헬리콥터를 타고 서쪽 바다에서 절구 연못 상공에 다다르면 수면이 갑자기 깊어지므로 빨려 들어가는 느낌을 받는다.

쇼와 기지의 동쪽 1,300km에 위치하는 노암 지대인 베스트폴드 오아시스에도 수면이 해수면보다 56m나 낮은 호소가 확인되고 있다.

70

북극의 대하천과 남극의 소하천

혹독한 추위의 극지에서 하천은 어떤 모습일까? 빙상으로 덮여 있는 남극에는 하천이 존재할까?

북극에는 대하천이 있지만, 남극에는 빙하는 있어도 하천은 발달하지 않는다. 그러나 골짜기 하류에서 상류 쪽으로 흐르는 불가사의한 하천이 존재한다.

북극해로 흘러 들어가는 시베리아의 오브 강, 예니세이 강, 레나 강, 캐나다의 매켄지 강은 모두 길이가 4,000km를 넘는 대하천이다. 이들 하천의 발원지는 북극권 남쪽의 중·고위도 지역이다. 대하천이라고 해도 북극권에서는 11월부터 5월까지 반년 동안은 수면이 동결된다. 하늘에서 바라보면 가늘고 긴 백색의 띠로 보인다.

이들 대하천뿐만 아니라 북극해와 그 주변 해역으로 흘러드는 모든 하천의 수면은 겨울이 되면 언다. 봄이 되어 얼음이 소리를 내며 부서지기 시작하면 사람들은 봄이 찾아온 것을 기뻐하고 지역마다 축제 분위기 일색이 된다.

남극 대륙의 노암 지대는 남극 대륙 전체의 5%도 되지 않는다. 여름이 되면 융설수가 모여 생긴 작은 유수가 여기저기에 나타난다. 실로 '봄의 실개천'이다. 유수를 따라 녹조류 같은 식물이 나타나고, 갈색의 바위 표면은 녹색으로 바뀌며 작은 녹지대가 형성된다.

봄철 남극의 소하천이 노암 지대에만 나타나는 것은 아니다. 대륙 연안의 빙상과 도서 지역의 빙모도 기온은 영하일지라도 강한 햇살을 받기 때문에 그 표면은 녹아내린다. 빙상 표면의 융빙

골짜기 하류에서 상류의 반다 호로 유입하는 오닉스 강. 하루 20만 톤의 유량이 관측되었다.

수는 몇 줄기의 가늘고 빠른 유수가 되어 대륙 사면을 흘러내린다.

드라이 밸리 중앙에 위치하는 라이트 밸리의 입구 근처에는 산록 빙하가 발달하며 골짜기와 바다를 분리시키고 있다. 골짜기 쪽에는 산록 빙하에서 흘러내린 로어 라이트 빙하가 걸려 있으며, 그 융빙수는 로어 라이트 호를 만들고 있다. 라이트 밸리는 서쪽의 남극횡단 산맥까지 5~10km의 폭으로 90km나 이어지며, 골짜기 중간에 약 14km^2 면적의 반다 호가 있다. 이 호소로 여름의 짧은 기간에만 유입하는 하천이 남극에서 가장 큰 하천인 오닉스 강이다.

오닉스 강은 로어 라이트 호에 모인 융빙수가 호소를 흘러넘치면서 흐르기 시작한다. 산악 빙하에서 골짜기로 떨어지는 여러 가닥의 융빙수가 합류하면서 유량이 증가하며, 골짜기 하류로부터 바다와 반대쪽인 반다 호 쪽으로 흐른다. 하폭은 대부분 10m 이하이며, 길이는 30km이다. 11월 하순 무렵에 흐르기 시작하며, 햇살이 약해지는 2월에 멈춘다. 유량이 가장 많을 때는 하루 20만 톤의 물이 반다 호로 유입한다.

71

남극의 오아시스, 드라이 밸리

남극 대륙 연안에서 눈에 들어오는 것은 빙산이 점재하는 백색의 해빙원(海氷原)과 최대 30m의 빙벽을 이루며 해빙원에 이어져 있는 대륙빙원뿐이다. 이런 대륙 연안 도처에 거무스름한 작은 노암이 보인다. 노암 가운데는 면적이 수십에서 수백 평방킬로미터에 이르는, 눈과 얼음이 없는 무빙설 지역이 존재한다. 그곳에는 갈색의 암반 가운데 물이 고인 호소가 점재하며, 이끼와 지의류 등 하등식물과 바닷새의 번식지도 볼 수 있다. 남극 대륙은 빙설로 덮여 있지만, 이 무빙설 지대는 전체적으로 매우 건조하므로 '남극의 사막'으로 불린다. 이런 건조 지대에 암반 표면이 노출해 있고 호소가 점재하는 경관이 어우러져 이곳을 찾는 사람들에게 생명의 샘(오아시스) 같은 인상을 주기 때문에 '남극의 오아시스'라고 불리기도 한다.

현재 남극 대륙에는 20개가 넘는 오아시스의 존재가 확인되고 있다. 오아시스의 총 면적은 20,000km²를 넘지 않아 남극 대륙 면적의 1%에도 미치지 못한다. 오아시스는 대부분 대륙 연안에 있으며 과거에는 빙하로 덮여 있었다. 모레인에 해당하는 표고 100~200m의 작은 구릉이 많으며 400~500m의 양배암도 보인다.

얼음의 대륙에 왜 무빙설 지대가 존재할까? 각국의 연구자는 남극의 오아시스에 대하여 과학적인 조사를 실시했다. 처음에는 화산의 지열 지대이거나 온천이 솟아나고 있는 것으로 생각되었지만, 화산 지대가 아닌 지역에도 오아시스는 존재하고 있다. 현재는 빙하 끝부분의 특이한 지형이 국지적으로 독특한 기상 조건을 발생시켜 무빙설

남극 빅토리아랜드 드라이 밸리의 캠프

지대를 형성하는 것으로 생각되고 있다.

남극 대륙 로스 해 서안의 빅토리아랜드에는 맥머도 오아시스라고 불리는 4,000km²에 이르는 남극 최대의 무빙설 지대가 있다. 북쪽은 디베넘 빙하와 코튼 빙하로, 남쪽은 훼라 빙하로, 서쪽은 남극횡단 산맥의 동쪽 끝부분으로, 동쪽은 윌슨 산록빙하로 둘러싸인, 흔히 '드라이 밸리'라고 불리는 일대이다. 빅토리아, 라이트, 테일러의 세 골짜기가 서쪽의 내륙 빙원에서 동쪽의 로스 해 쪽으로 달리고 있다. U자곡의 폭은 넓은 곳에서는 10km 이상이고, 길이는 70~90km이다. 모레인으로 덮인 곡저의 표고는 20~350m이며 골짜기 양쪽으로는 표고 1,000~1,500m의 험준한 산릉이 솟아 있다. 눈이 내려도 주변의 산들만 하얗게 될 뿐 곡저에는 거의 쌓이지 않는다.

생물은 거의 보이지 않는다. 빙하로부터 융빙수가 공급되는 유역에 지의류와 조류가 약간 나타나며, 간혹 남극도둑갈매기가 날아올 뿐이다. 그러나 골짜기 전체에 걸쳐 바다표범의 미라가 2백 개 이상 발견되었으며, 펭귄의 미라도 보인다.

72

판구조론과 남극판

지구권에서 일어나는 지진과 화산 분화 등의 현상을 설명할 수 있는 모델이 판구조론(plate tectonics)이다. 20세기 지구과학은 판구조론이 제창됨으로써 크게 비약했다. 판구조론은 대륙이동설에서 발전한 학설이다. 해저 산맥을 해령이라고 하는데, 해령이 있는 곳에서 지구 내부로부터 솟아난 물질이 굳어지며 해양저는 양쪽으로 확대된다. 그리고 확대되는 해양저가 컨베이어 벨트처럼 대륙을 싣고 이동하다가 해구가 있는 곳에서 빠져 들어간다는 주장이 판구조론이다.

20세기 초 독일의 베게너는 남아메리카 대륙의 동해안과 아프리카 대륙의 서해안이 잘 들어맞는 것에서 착안하여 두 대륙은 하나의 대륙이었다고 생각했다. 그리고 지질 구조와 화석 분포 등을 토대로 남극과 오스트레일리아, 인도 등이 하나의 거대한 대륙, 즉 곤드와나 대륙을 형성하고 있었다고 주장했다. 대륙이동설로 불리는 이 학설은 거대한 대륙을 분열시키고 수천 킬로미터를 이동시킨 힘이 무엇인지 밝히지 못함으로써 한때는 사라진 것처럼 보였다. 그러나 제2차 세계대전 이후 세계의 해양저 조사가 활발하게 실시되면서 1960년대에는 해양저확장설, 더 나아가 판구조론이 제창됨으로써 대륙이동설은 다시 각광을 받게 되었다.

과거에는 지구 표면이 여섯 개의 판으로 덮여 있다고 주장되었지만, 조사가 진행됨에 따라 세분되어 현재는 십여 개의 판이 존재한다고 알려져 있다. 판의 경계는 발산형과 수렴형 그리고 판이 스쳐 지나가는 보존형의 세 유형으로 나눌 수 있다.

판구조론은 지진, 화산 등 지구 표면에서 지하 800km 부근까지의 영역에서 일어나는 여러 현상

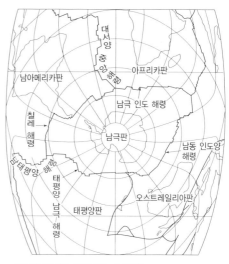

수렴형 경계가 거의 없는 남극판

을 통일적으로 설명할 수 있는 모델이다. 그러나 아직 완성된 이론은 아니다. 모델이 제창된 이래 남극판은 아직까지 세분되지 않았다. 남극판의 경계는 대부분 발산형이며 수렴형은 나타나지 않는다. 발산형만 있으므로 남극 대륙의 면적은 백만 년마다 50만km²의 비율로 확대되고 있다. 남극판은 왜 수렴형 경계가 없이 발산형 경계로만 둘러싸여 있는지 해명되고 있지 않으므로 판구조론은 아직 완성된 이론으로 볼 수 없다.

덧붙이면 북극해에는 대서양 중앙 해령으로부터 지진대가 뻗어 있으며, 북아메리카판과 유라시아판의 경계가 있다. 북극해는 복수의 판에 속하고 있기 때문에 북극판이라고 부를 수 있는 판은 존재하지 않는다.

73

해저 화산이 솟아나와 있는 북극, 아이슬란드

북극에도 화산이 있을까? 북극에도 화산이 산재하나 대부분 해저 화산이다. 대서양 중앙 해령이라고 불리는 해저 산맥이 북극해까지 뻗어 있으며, 해령 도처에 화산이 분출하고 있다. 그 가운데 그린란드와 노르웨이 사이의 그린란드 해에 떠 있는 얀마옌 섬(북위 71°, 서경 8°)은 해저 화산 정상이 해수면 위로 나와 있는 드문 사례이다.

얀마옌 섬은 대서양 중앙 해령의 연장선상에 위치하는 얀마옌 단열대에서 분출한 동서 80km, 남북 60km의 화산섬이다. 섬 북단에 있는 베렌베르크 산(2,277m)은 북극을 대표하는 화산으로서, 산정과 산록에서 용암 유출과 화산 이류(泥流) 등의 분화 활동이 확인되고 있다. 1971년에는 분연의 높이가 15,000m에 도달하는 대폭발도 일어났다.

얀마옌 섬에서 남남서 방향으로 500km 떨어진 대서양 중앙 해령 상에는 맨틀로부터 바다 위로 솟아오른 아이슬란드가 위치하고 있다. 동서 500km, 남북 300km의 거대한 화산섬이며, 북위 63°24′ 부터 66°33′ 에 걸쳐 위치한다. 섬 북단에 북극권이 지나가고 있으므로 지리적으로 아이슬란드 대부분은 북극권 밖이지만, 북극을 대표하는 화산일 뿐만 아니라 지구를 대표하는 화산으로 여겨지고 있다.

아이슬란드의 북부와 동부는 빙하로 덮인 고원 지대이며, 평균 표고는

600m이다. 그 사이에는 남북으로 큰 지구대가 발달하며, 분화구에 해당하는 갸우(Gjá)라는 지각의 균열이 여러 줄기 이어지고 있다. 최근에는 1991년, 남부 중앙에 위치하는 헤크

겨울을 맞이한 아이슬란드

라 화산(1,491m)에서 틈분화(fissure eruption)가 일어났다. 길이 27km에 걸쳐 연달아 생성된 화구에서 용암류와 이류를 반복하여 분출했다. 1300년의 분화에는 사망자가 600명에 달했으며, 1947년에는 27,000m 상공까지 분연이 도달하는 분화가 일어났다.

1783년 발생한 라키 산(650m) 분화는 길이 30km의 틈분화이다. 유출된 용암은 15km³로서 560km²의 용암대지가 형성되고, 인구의 20%에 해당하는 만 명의 사망자가 나왔다. 아이슬란드에는 순상화산, 성층화산, 폭렬화구에 물이 고인 마르 등 여러 유형의 화산이 존재함으로써 격렬한 화산 활동이 반복되고 있음을 보여 주고 있다. 빙하 바닥에서 분화한 흔적도 볼 수 있다.

빙상이 후퇴한 아이슬란드의 고원에는 빙저 퇴적물이 높이 수백 미터, 면적 수 평방킬로미터의 구릉이 되어 남북 방향으로 수십 킬로미터의 길이로 남아 있다. 빙저 분화로 분출된 현무암질 용암은 융빙수에 의하여 급속히 냉각되어 표면이 검은 빵 껍질처럼 갈라진 직경 수십 센티미터의 둥근 베개용암(pillow lava)이 되어 쌓여 있다.

74

추운 극지에 왜 화산이 있을까

1841년 1월 영국의 남극 탐험대는 로스 해에서 화산을 발견했다. 에러버스 산으로 명명된 이 화산은 때때로 격렬한 분화 활동 중에 산정에서 붉게 타는 용암이 흘러나왔다. 눈과 얼음의 세계에서 일어난 화산 활동에 탐험대 대원들은 매우 놀랐던 것 같다. 일반적으로 화산 분화로 유출한 용암은 야간에는 붉게 보이더라도 낮에는 거무스름하게 보인다. 1월의 로스 해는 밤에도 어두워지지 않는다. 그런데도 붉은 용암이 보였다는 것은 이 분화 활동이 매우 컸음을 뜻한다.

극지가 춥다는 것은 대류권과 설빙권의 현상인 반면에 화산 분화는 지구권, 더 정확하게는 암석권의 현상이다. 즉 분화 현상의 근원은 지구 내부에 있다. 지구 내부의 현상이므로 지구권 외부의 상황에 좌우되지 않으며, 극지를 포함하여 지구 표면 어디에서 화산이 분출하더라도 이상할 것은 없다.

극지의 빙상과 빙하 밑에서 분화가 일어났을 때 화산 분출물은 빙저 퇴적물이 되어 축적된다. 이 빙저 퇴적물의 존재야말로 극지에서 일어나는 분화 활동의 특징이다.

폭발력이 얼음층을 파괴할 만큼 충분히 강력하면 분화는 얼음층을 뚫고 지표에 나타난다. 분출물은 얼음 표면에 층상으로 넓게 퇴적하며, 화산회는 광범위하게 분포한다. 두께가 수백 미터나 되는 얼음 밑에서 용암이 분출하면 지표로 나오지 못한 채 냉각되면서 베개용암이 되어 퇴적한다. 베개용암은 해저 분화에서도 만들어진다. 이것은 고온의 용암이 얼음이나 해수로 인하여 급격히 냉각되기 때문에 형성된다.

에러버스 산정 부근에 산재하는 빙탑

　얼음이 두껍거나 폭발력이 약하여 분화가 얼음 표면에 나타나지 않는 경우에는 바닥의 얼음이 부분적으로 녹아 빙저의 화구 부근에 융빙수가 고이게 된다. 분화 활동이 계속되면 융빙수의 압력이 증가하므로 얼음층을 뚫고 분출하는 일도 있다. 이런 열수의 분출은 일종의 수증기 폭발이다. 얼음 밑에서 고온, 고압 상태에 있던 물이 설빙 표면에 나타남으로써 고온, 상압 상태가 되어 가스화한 것이다.

　극지 화산의 또 다른 특징은 빙탑의 존재이다. 활화산에는 지열 지대와 분기공이 있으며, 항상 수증기와 가스가 피어오르고 있다. 극지에서는 이 수증기와 가스가 심한 추위로 얼어붙어 상고대를 닮은 빙탑이 만들어진다. 높이 3~4m의 거대한 빙탑이라도 그곳에서 수증기와 가스가 나오고 있는 한, 가운데는 수증기의 통로인 구멍이 뚫려 있다. 빙탑의 존재는 그 화산이 아직도 살아 있는 화산이라는 것을 증명해 준다.

75

남극의 후지 산과 천연의 항구

남극점 정복을 목표로 1911년 1월 로스 섬 에반스 곶에서 스콧 탐험대의 일원으로 월동을 시작한 체리 개러드는 그의 저서 『세계 최악의 여행』에서 '후지 산은 세계에서 가장 아름다운 산, 에러버스 산은 세계에서 가장 중후한 산'으로 기술하며, 그 산록에 살게 된 것을 기뻐하고 있다. 일본에는 도처에 '○○후지'라고 불리는 산들이 있다. 일본이 세계에 문호를 개방하고 얼마 지나지 않은 메이지 시대에 후지 산과 함께 알려진 활화산 에러버스 산(3,794m)은 '로스후지'라고 불리기에 손색이 없는 산이다.

20세기 초 에러버스 산의 화산 활동은 활발했던 것으로 보인다. 스콧 탐험대의 두 차례에 걸친 월동 중에도, 또 에러버스 산 정상에 최초로 오른 섀클턴 탐험대(1908~1909년)도 모두 산록에서 '화영(火影) 현상'을 여러 번 보았다고 한다. 화영 현상이란 화구 안의 붉은 용암이 상공의 구름에 반사되어 산정 부근이 붉게 보이는 것을 말한다. 에러버스 산에 화영 현상이 나타났던 것은 산정 분화구 안에 용암호가 존재했기 때문이다. 4월 하순부터 8월 하순까지 에러버스 산 일대는 극야이므로 맑게 개어 있으면 온종일 화영 현상을 관찰할 수 있다.

1956년 스콧 기지와 맥머도 기지가 개설되자 에러버스 산정은 매일 관측 대원들의 눈에 띄게 되었다. 화산 활동은 1960년대의 정온기를 지난 후

1970년대부터 활발해져
화구 안에는 용암호가 형
성되고, 매일 수차례의
작은 폭발이 반복되고 있
다.

분연이 솟아오르는 에러버스 산

남극에서 발견된 화산
은 에러버스 산이 처음은
아니다. 18세기 말부터
19세기에 걸쳐 남극 반도
주변에서 활약한 미국과
영국의 포경선이나 바다표범 수렵선의 선원은 여러 개의 화산섬을 확인하
고 상륙하기도 했다. 남극 반도의 북서안에는 폭 100km의 브랜스필드 해협
을 사이에 두고 화산 열도인 남세틀랜드 군도가 위치하고 있다. 그 가운데
디셉션 섬은 해저 화산의 정상 부분이 바다 위로 튀어나온 말굽형 화산섬이
다. 말굽형 화산체의 안쪽은 칼데라이며, 외해로부터 파랑이 접근하기 어려
우므로 포경선과 수렵선에게는 좋은 휴식처가 되는 천연의 양항(良港)이다.
한때 양키 하버로 불렸으며, 현재는 포스터 만으로 명명되어 있다.

디셉션 섬은 1967년과 1969~1970년에 걸쳐 큰 폭발이 일어나 섬에 있던
세 개의 관측 기지가 폐쇄되었다. 포스터 만에는 지열 지대가 있고 온천이
솟아나고 있기 때문에 남극에서 유일하게 해수욕을 즐길 수 있는 장소로서
관광객에게 인기가 높다.

76

극지를 달리는 설상차

남극의 눈 위를 차가 달릴 수 있는가? 또는 남극에서 얼음 위를 이동할 때 무엇을 타는가? 하는 질문을 자주 듣는다. 어른이나 아이나 모두 남극과 그린란드의 빙상에서 이동할 때 무엇을 타는지 흥미를 가지고 있는 것 같다.

남극에 있는 많은 관측 기지는 해안에 인접한 노암 위에 세워져 있다. 이런 기지에서는 자동차가 많이 사용된다. 승용차도 트럭도 대부분 사륜 구동이다. 트랙터 같은 타이어 바퀴가 달린 소형 차량은 극지에서도 자주 이용되고 있다. 소방차에도 타이어 바퀴가 달려 있다. 남극에서는 물을 사용할 수 없으므로 소방차는 소방제가 들어 있는 큰 탱크를 싣고 얼음 위를 달린다.

쇼와 기지에서는 타이어 바퀴가 달린 차량은 적설이 적은 12월부터 3월까지 사용하며, 겨울이 시작되는 4월부터는 사용하지 않는다. 긴 겨울 동안 이들 차량은 시트로 포장하여 옥외에 나란히 주차시켜 놓는다.

미국의 맥머도 기지에서는 바퀴 직경이 1m나 되는 대형 트레일러를 기지와 비행장의 인원 수송에 사용하고 있다. 타이어 폭이 넓으므로 얼음 위나 단단한 눈 위에서 주행이 가능하다.

그러나 빙상에서 보편적으로 사용되고 있는 탈것은 설상차이다. 폭이 넓은 금속제나 고무제의 캐터필러를 사용함으로써 얼음 위는 물론 단단하지 않은 눈 위에서도 주행이 가능하다. 내륙의 조사 여행 등 이동시에는 대부분

일본 관측대의 대형 설상차

의 나라가 설상차를 사용하고 있다. 연료, 식량, 관측 기자재 등 필요한 자재를 모두 실은 여러 대의 썰매를 설상차로 끌면서 1,000km 또는 2,000km의 여행이 이루어진다.

1969년부터 1970년에 걸쳐 일본 관측대가 실시한 쇼와 기지와 남극점 간 왕복 5,000km를 넘는 여행도 설상차가 썰매를 끄는 형태로 이루어졌다. 일본 관측대는 이 여행을 위하여 대형 설상차를 개발했다. 운전석과 조수석의 전방석 뒤에는 양쪽에 2층 침대를 갖추어 네 명이 설상차 안에서 숙박할 수 있게 했다. 또 뒤쪽 입구 부근에는 조리 기구와 통신기, 관측 장비를 놓는 공간도 두었다. 그러나 현재 일본 관측대는 조리 전용 썰매를 준비하여 그 안에서 취사와 식사를 하게끔 하고 있다. 설상차 안에서 취사를 하면 아무래도 차내에 수증기가 많아지고, 그 수증기가 벽면에 얼어붙어 버리기 때문이다. 대형 설상차의 개량과 동시에 일본 관측대의 내륙 조사 지역도 확대되고 있다.

IV

극지에 사는 생물들

77

카리부와 순록은 무엇이 다를까

카리부(산림순록)와 순록(토나카이)은 이름은 다르지만 같은 종이다. 엘크와 닮은 사슴 종류의 대형 동물로서 카리부는 야생종, 순록은 가축화된 것을 말한다. 북아메리카 대륙과 그린란드의 교목한계 이북의 툰드라 지대에 분포하며, 순록은 야생종 카리부보다 조금 작고 외양도 다르다. 약 5000년 전 유라시아 대륙 북부에서 가축화되었다고 알려져 있다. 스칸디나비아의 사미 족, 러시아의 추크치 족 등 유라시아 북방 민족에 의하여 사육되고 썰매를 끄는 데에도 사용되고 있다. 이들 민족은 고기와 모피를 효과적으로 이용하여 식량과 의복 등 생활의 많은 부분을 순록에 의존하고 있다.

사슴 종류로는 유일하게 암수 모두 뿔이 있으며, 크고 편평한 발굽은 눈 위와 습지를 걷는 데 알맞다. 털은 공기를 잘 품어 보온 효과를 높이고, 폭이 넓은 강과 얼어붙은 북극해를 헤엄칠 수 있는 등 북극의 혹독한 환경에 적응하고 있다. 어깨 높이는 90~140cm, 체중은 60~320kg이며, 암컷이 수컷보다 크다. 야생에서의 평균 수명은 4~5년으로 알려져 있으나 13년을 산 기록도 있다. 긴 겨울에는 눈 밑의 지의류, 짧은 여름에는 나무 열매와 툰드라에서 자라는 버드나무 등 관목 가지를 먹으며, 겨울에 대비하여 몸에 지방을 축적한다. 보통 5~6월에 새끼를 한 마리 낳는다. 출산 장소를 공유하는 개체가 무리를 지어 대규모로 계절 이동을 하는 것으로 알려져 있다. 여름철이

스발바르의 카리부 (요시오카 미키 촬영)

되면 모기와 파리를 피하여 바람이 강한 해안 가까이나 눈이 남아 있는 장소로 가는 경우도 있으며, 8월 말에서 9월 초 겨울이 오기 전에 저위도나 저지의 비교적 온난한 장소로 이동한다. 때로는 20만 마리의 무리를 만드는 경우도 있지만, 10~1,000마리의 작은 무리를 만드는 경우가 더 많다. 이동 거리는 1,000km에 달하기도 하며, 하루 20~60km 정도 이동한다. 발도 빨라 시속 60~80km로 달릴 수 있다. 카리부는 시력이 나쁘므로 예민한 후각을 이용하여 먹이를 찾는다. 북극여우, 회색곰, 늑대, 스라소니, 울버린(대형 족제비 종류) 등의 먹이가 된다.

순록은 원래 북극 지역에 분포하는 종이지만, 아남극에서 인간 활동이 시작되면서 가축으로 방목할 목적으로 남극의 섬에도 반입되었다. 영국령 사우스조지아 섬(남위 약 54°)에는 18세기 말부터 포경 기지가 세워져 있다. 1911년 노르웨이의 포경 회사가 순록을 몇 마리 반입한 후, 현재 2,000마리 정도로 그 수가 증가했다. 북극의 혹독한 환경에 적응한 동물이기 때문에 멸종되지 않고 살아남았다고 할 수 있다.

78

북극곰은 얼음 위에서 무엇을 먹고 살까

남극에는 백곰이 없냐는 질문을 자주 받는다. 백곰은 북극에만 있다. 백곰은 곧 북극곰을 말한다. 북극곰은 육식동물 가운에 지상 최대의 동물로서, 어른 수컷은 몸무게 300~800kg, 몸길이 3m를 넘기도 한다. 암컷은 수컷의 절반 정도 크기로 몸무게는 150~300kg이며, 몸길이는 1.8~2m이다. 털 색깔이 눈과 얼음 위에서 드러나지 않는 흰색이나 상아색을 띠고 있기 때문에 백곰으로도 불린다. 앞발이 커서 헤엄치는 데 알맞으며, 발바닥에는 털이 나 있어 눈과 얼음 위를 걸을 때 보온과 동시에 미끄럼 방지가 된다.

알래스카의 서부와 북부, 캐나다 북극 도서부, 중앙 시베리아, 그린란드, 스발바르 제도와 프란츠요제프 제도 등 북극해를 둘러싸듯이 분포한다. 2만여 마리가 서식하며, 절반 이상이 캐나다 북극 도서부에 분포하고 있는 것으로 추정된다. 북극곰은 넓은 지역을 이동하는 것으로 알려져 있으며, 얼음이 있는 지역을 벗어나는 일 없이 자기의 영역 안에서 활동한다고 한다. 이동 속도는 보통 시속 5km 정도이나 시속 40km로 달릴 수 있다. 수영이 특기로서 시속 10km 정도로 온종일 헤엄을 계속할 수 있다고 한다. 육상의 동굴에 칩거하는 약간의 기간을 제외하면 일생의 대부분을 해빙 위에서 보낸다.

북극의 혹독한 추위에 여러 가지 방법으로 적응하고 있다. 두께가 12cm나 되는 피하지방으로 단열되어 있기 때문에 −35℃ 이하의 기온에서도 통상의 체온을 유지하며 정상적으로 생활할 수 있다. 귀와 꼬리가 작은 것도 방열을 억제하고 체온을 유지하는 데 도움이 된다. 반면에 북극곰은 더위에 매우 약하다. 극도로 추울 때조차도 뛰거나 하면 곧 체온이 오른다고 한다. 그래서 보통 걸을 때도 느리게 움직이는 편이다.

해빙 위에서 사냥감을 잡은 북극곰 (요시오카 미키 촬영)

주요 먹이는 바다표범(그중에서도 북극에 가장 많은 고리무늬바다표범)이며, 그밖에 흰돌고래와 바닷새, 순록을 덮치는 일도 있으므로 북극 생태계의 최상위 포식자이다.

암컷은 눈 비탈에 구멍을 파고 그 안에서 겨울을 지내며, 한겨울에 보통 두 마리의 새끼를 낳는다. 새끼는 적어도 20개월은 모유를 먹으면서 자라며, 성적으로 성숙해지는 데는 5~6년이 걸린다. 평균 수명은 야생에서 15~18년, 최장 25~30년으로 알려져 있으나, 동물원에서는 45년간 생존한 사례도 있다.

북극의 원주민은 옛날부터 북극곰을 사냥하여 모피와 고기를 이용해 왔다. 양질의 모피는 방한용 옷감으로 귀중하게 여겨진다. 미국과 캐나다, 노르웨이에서는 원주민의 전통을 지키면서도 수렵과 거래를 엄격하게 제한하는 법률을 만드는 등 북극곰 보호 방안을 추진하고 있다.

79

고래는 왜 남극과 북극의 바다에 많을까

고래는 왜 남극과 북극에서 많이 보일까? 사실 고래는 남북 양극역뿐만 아니라 열대까지 전 세계의 바다에 분포한다. 다만 남극과 북극의 바다에는 여름철을 중심으로 동식물 플랑크톤과 이를 먹이로 하는 크릴새우, 작은 물고기 등이 대량으로 번식한다. 그리고 이들을 찾아 특히 다수의 수염고래가 남극해로 회유해 오기 때문에 극지의 바다에는 고래가 많다고 여겨지는 것 같다.

현생 고래의 종류로는 위턱에 수염판으로 불리는 각질기관을 지닌 수염고래가 10종 있으며, 모두 같은 모양의 이빨을 지닌 이빨고래가 60종 있다. 수염고래는 성장하면 전부 6m 이상의 대형 고래가 되지만, 이빨고래는 18m 길이의 향고래 등 몇몇 종을 제외하면 대부분 돌고래로 불리는 3~4m 이하의 소형종이다. 수염고래는 수염판으로 바닷물을 걸러 크릴새우와 작은 물고기를 잡아먹는다. 일반적으로 수염고래는 암컷이 크고 이빨고래는 수컷이 크다. 수염고래는 대형종일수록 수명이 길어 몸길이 33m, 몸무게 170톤에 달하는 흰수염고래는 최고 100살 이상, 소형의 밍크고래는 50살 정도 사는 것으로 알려져 있다. 이빨고래는 가장 대형인 향고래가 77살, 1.7~2.2m 길이의 까치돌고래가 20살 정도의 기록이 있다.

북극해에는 3m 길이의 위턱 이빨을 지닌 일각돌고래와 몸길이 20m에 이르는 북극고래, 성숙하면 몸 색깔이 백색이나 유백색이 되는 흰돌고래(벨루

혹등고래

가) 등이 분포한다. 남극해에는 지구 최대의 동물인 흰수염고래 등의 수염고
래와 향고래, 많은 종의 돌고래가 분포한다.

　고래는 옛날부터 식량으로 이용했을 뿐만 아니라 등유가 사용되기 전에는
피하지방에서 짠 기름을 램프의 연료와 양초의 원료로 사용했다. 1864년 노
르웨이에서 근대적인 포경포가 만들어지면서 노르웨이와 영국은 남극해에
서도 포경을 시작했다. 일본은 제2차 세계 대전으로 포경을 일시 중단했지
만, 전후 식량난을 해결하기 위하여 남극해에서 포경을 재개했다. 많은 나라
가 포경을 하고 있었기 때문에 1946년 국제포경조약을 체결하여 전 세계의
고래를 보호, 관리하면서 이용하자는 약속이 이루어졌다. 그러나 남획으로
인하여 현재는 원주민을 위한 포경과 연구 조사를 위한 포경을 제외하고는
모든 포경 활동이 금지되어 있다. 과거 포경으로 인하여 대형 수염고래는 그
수가 줄어든 반면 소형의 밍크고래는 이전보다 늘어나 남반구에만 76만 마
리가 분포한다는 결과가 나왔다. 장래 지구의 인구 증가까지 감안하여 해양
생물자원의 효과적인 이용을 고민해야 할 때이다.

80

사향소는 어떤 소일까

사향소는 어떤 소일까? 사향소는 들소와 모습이 닮아 이름에도 '소'라는 명칭이 들어 있지만, 분류학적으로는 오히려 염소나 양 종류의 대형 초식 동물이다. 특히 수컷이 사향 냄새의 분비물을 내뿜기 때문에 이런 이름을 갖게 되었다. 흑갈색의 긴 털을 가지고 있으며, 크기는 보통 소와 같거나 약간 작다. 성체는 어깨 높이가 110~140cm, 몸무게가 200~400kg이며, 수컷이 암컷보다 크다. 커다란 뿔을 가지고 있어 늑대의 습격을 받으면 강한 개체가 뿔을 바깥쪽으로 향하며 둥근 진을 만들고 새끼 등의 약한 개체를 안쪽으로 몰아 무리를 지키는 습성이 있다. 수 마리부터 100마리 정도의 무리를 지으며, 대체로 정착성으로 장거리 이동을 하지 않는다.

알래스카, 캐나다 북부, 그린란드 등 북극권의 툰드라에 서식하고 있으며, 매머드가 살아 있던 무렵부터 빙하기를 거쳐 살아남은 살아 있는 화석이라고도 할 수 있다. 60만 년에 걸친 한랭한 환경에 적응한 결과, −40℃의 강풍 속에서도 추위를 견딜 수 있는 매우 가늘고 긴 섬유질 솜털이 발달했다. 가을이 되면 생기는 솜털은 캐시미어보다도 가늘며, 같은 무게의 양털에 비하여 보온성이 여덟 배나 높다. 알래스카의 원주민은 이 솜털을 사용하여 고급스러운 편물을 만들어 왔다. 털실 원료를 얻기 위하여 알래스카의 목장에서는 사향소를 사육하고 있다. 사향소 털로 만든 제품은 양모 제품보다 몇 배

사향소 (아라이 테루오 촬영)

높은 가격으로 거래되고 있다.

20세기 초 수렵으로 인하여 멸종 위기에 놓였지만, 1917년부터 캐나다 정부가 보호 정책을 펼치면서 그 수가 꾸준히 늘어 원주민에 한하여 수렵 허가도 나오게 되었다. 그 대다수는 캐나다 북부 도서 지역에 분포하고 있으며, 알래스카 서안의 누니백 섬과 노르웨이에도 반입되었다. 또 시베리아의 타이미르 반도와 동시베리아 해의 우랑겔 섬에서는 현지에 잘 적응하여 현재 6만 마리 이상이 서식하고 있다. 알래스카에서는 수렵으로 인하여 1850~1860년대에 멸종되고 말았다. 1930년대에 그린란드 북동부로부터 야생종 무리를 도입했는데, 한때는 모습을 감추었으나 서서히 회복되어 현재 2,500~3,000마리까지 개체수가 늘어났다.

사향소는 큰 몸에 비하여 적은 먹이로도 살아남을 수 있다. 주로 풀과 작은 나뭇가지를 먹지만 이 외에도 이끼와 지의류 등 온갖 식물을 가리지 않고 먹는다. 여름에는 버드나무의 잎을 즐겨 먹으며, 겨울에는 20cm 두께로 쌓인 눈 밑의 식물을 파내어 먹는다. 카리부보다 먹이를 덜 가리며, 8~9월에 교미를 하고 4~5월에 보통 한 마리의 새끼를 낳는다.

81

해빙 속에 사는 생물, 얼음 조류

차가운 해빙 속에도 생물이 살고 있을까? 봄부터 여름에 걸쳐 남극과 북극의 해빙 하층부에는 얼음 조류(ice algae)로 불리는 규조류를 주로 하는 미세한 조류가 증식하며, 광합성 색소로 인하여 다갈색을 띤 층이 만들어진다. 또 이것을 먹는 몸길이 1mm 이하의 소형 갑각류의 유생과 원생동물이 해빙 속으로 들어가 차가운 얼음 안에 미소한 생물 군집을 만들며 생명 활동을 하고 있다.

얼음 조류는 남극과 북극의 부빙이나 정착빙 지대뿐만 아니라 비교적 많은 장소에서 볼 수 있다. 일본에서는 유빙이 남하하는 오호츠크 해와 홋카이도 동쪽의 사로마 호와 아케시 호에서 얼음 하부에 엷게 착색된 것을 확인할 수 있다. 남극 관측선 '시라세'가 쇼와 기지로 얼음을 깨며 항해할 때 깨진 얼음이 거꾸로 뒤집히면 잘 발달한 짙은 갈색의 얼음 조류 층이 보이는 수도 있다.

해수가 얼어 생긴 해빙은 유리처럼 균질한 담수 얼음과는 달리 확대해 보면 얼음 결정 사이의 아주 작은 틈에 염분 농도가 높은 해수가 들어 있다. 이 틈은 상하 방향으로도 이어져 얼음 속으로 해수가 들어가거나 나오는 통로 역할을 한다. 얼음 조류는 이 해빙 속의 해수에 들어 있는 영양분을 사용하여 광합성을 하며 성장한다.

쇼와 기지 주변의 바다는 두께 1~2m의 평탄한 해빙으로 덮여 있다. 이 해빙과 그 위의 적설이 빛을 흡수, 반사하기 때문에 해빙 바로 밑에서는 태양광이 설면의 백 분의 일 정도로 약해진다. 그래서

12월 초 쇼와 기지 북쪽에 생긴 얼음 조류의 군체

해빙 밑 바다 속에서는 햇볕이 강해지는 여름철을 제외하면 빛이 너무 약하여 식물 플랑크톤은 광합성을 충분히 할 수 없다. 그러나 얼음 조류는 해빙 밑 환경에 적응되어 있기 때문에 약한 빛에도 광합성이 가능하며, 이른 봄부터 증식할 수 있다. 바다 속에 먹이가 적은 겨울 동안에는 미소한 갑각류가 얼음 조류를 먹으며 성장할 뿐만 아니라 남극크릴이 해빙 밑바닥을 발로 긁어내어 먹는 모습도 관찰되고 있다.

쇼와 기지 주변에는 해빙이 두꺼워지는 가을과 봄부터 여름에 걸쳐 연 2회 해빙 하부 수 센티미터에 얼음 조류가 증식한다. 장소에 따라서는 해빙이 녹기 시작하기 직전인 초여름에 길이 50cm를 넘는 얼음 조류의 군체(群體)가 해빙 밑바닥에서 바다 속으로 드리워져 있는 것을 볼 수 있다. 해빙 하부가 녹으면 얼음 조류 군체는 바다 밑으로 가라앉아 해면동물과 멍게 등 해저 생물의 먹이가 된다. 얼음 조류는 동물의 먹이가 되는 유기물을 만들어 내는 기초 생산자로서, 남극 해빙역의 풍요로운 생태계를 떠받치고 있다.

82

남극의 중요한 생물자원, 남극크릴

남극크릴은 어떤 생물일까? 크릴은 소형 갑각류 종류로 새우나 보리새우에 가까운 생물이다. 전 세계에 80여 종이 알려져 있고, 남극해에는 7종이 분포하고 있다. 이 가운데 6cm 정도까지 성장하는 최대종이 남극크릴이며, 남극해에 가장 많이 서식하고 있다. 해수면을 붉은 갈색으로 물들일 만큼 밀집하여 큰 군집을 만들기 때문에 수염고래와 펭귄, 게잡이바다표범, 물고기 등 남극의 많은 해양 생물이 먹이로 삼고 있다. 그래서 남극해의 생태계 가운데 가장 중요한 종으로 여겨지며, '핵심종'으로 불리기도 한다.

남극크릴은 남극의 여름에 해당하는 11월 말부터 3월에 걸쳐 바다 표층에서 번식, 산란하며, 밑으로 가라앉은 알은 수심 1,000m 정도에서 부화한다. 그 후 유생은 발육을 계속하면서 먹이가 풍부한 표층으로 부상한다. 성체가 되기까지는 2~4년 정도 걸린다. 7년 이상 살며, 먹이를 주지 않고 사육하면 탈피할 때 몸을 줄여서 굶주림을 견디는 습성 등이 알려져 있다. 나고야 항 수족관에서 세계 최초로 인공 번식에 성공했으며, 2003년 9월에는 인공 부화에도 성공했다.

어두워서 미세한 조류가 번식할 수 없는 겨울에는 해빙 바닥에 붙은 얼음 조류를 발로 긁어 먹는 것이 관찰되었으며, 해저에 쌓인 물고기의 사체가 분해되어 생긴 유기물을 먹기도 한다. 먹이가 충분하지 않은 곳에서도 나름대

남극 생태계의 중요한 생물자원인 남극크릴
(다니무라 아츠시 촬영)

로 적응하여 남극해의 혹독한 환경에서도 살아남을 수 있었다.

어군 탐지기에 의한 조사로는 남극해에 수억 톤에서 수십억 톤의 남극크릴이 있는 것으로 추정되고 있다. 남극해의 크릴 어업은 1973~74년 시즌부터 시작되었으며, 1981~82년 시즌에 약 50만 톤의 최고 어획량을 기록했다. 그러나 그 후 가공 기술의 문제와 더불어 어획 대상이 물고기로 옮겨가고, 또 구소련이 붕괴되면서 어업에서 철수하는 등의 이유로 최근 10년간은 어획량이 8~12만 톤으로 거의 일정하게 유지되고 있다.

현재는 일본이 최대 어획국이며, 주요 어장인 남극 반도와 남셰틀랜드 군도 주변에서 2001~02년에는 5만 톤을 어획했다. 매년 열리는 남극해양생물자원보존조약체결국회의에서 해역마다 어획 가능한 자원량을 추산하는 등 적절한 국제 관리 아래에서 어업을 계속하고 있다. 일본에서는 1980년대에 회와 튀김 등으로 식탁을 푸짐하게 만들었으며, 최근에는 가공 식품의 원료 이외에 낚시 미끼나 양식어의 사료로 이용되고 있다. 남극크릴은 장래의 식량 위기를 대비하는 유망한 단백질 자원이라 할 수 있다.

83

피가 붉지 않은 물고기, 남극빙어

남극에는 붉은 피를 가지고 있지 않은 이상한 물고기가 살고 있다. 남극빙어(icefish)라고 부르는 이 물고기는 혈액 속에 적혈구가 없기 때문에 혈액이 투명하고 아가미는 백색이다. 물고기는 해수에 녹아 있는 산소를 아가미를 통하여 몸 안으로 받아들인다. 그러면 남극빙어는 어떻게 산소를 받아들이고 있을까? 수온이 낮아지면 혈액 속에 녹아 있는 산소의 양이 증가한다. 남극빙어는 큰 심장과 많은 혈액을 가지고 있어서 다른 물고기라면 헤모글로빈을 이용하여 혈액 속으로 받아들일 산소 분량을 이런 방법으로 보충하고 있다.

남극해에는 약 200종의 물고기가 서식하고 있는 것으로 보고되고 있다. 이 가운데 80% 가까이는 남극해 고유종으로 남극둑중개과와 남극빙어과 등 다섯 과를 포함하는 남극둑중개아목이 남반구 고위도 해역에만 분포하는 특징적인 그룹이다. 이 아목은 부레가 없고 기본적으로 해저에 서식하며, 2차적으로 중층 생활에 적응한 특징을 보인다. 중층 생활에 적응한 종은 지방 조직을 발달시켜 부력을 조절하고 있다. 먹이는 어류에서부터 크릴새우 등 소형 갑각류, 거미불가사리, 소형 연체동물, 해면동물까지 가리지 않고 먹는다.

쇼와 기지 주변에서 해빙에 구멍을 뚫고 실을 드리우면, 20cm 크기의 쇼

와여을멸(gissu) 같은
남극둑중개과 물고기가
잡힌다. 머리가 큰 말뚝
망둥어 같은 흰살 생선
인데, 회와 튀김으로 맛
이 좋다. 이들 물고기의
체액은 당단백질을 포
함하고 있으므로 해수

쇼와 기지 주변에서 낚인 쇼와여을멸과 비늘여을멸

가 얼기 시작해도 몸이 얼지 않는다.

남극해에서는 몇 가지 어종을 대상으로 어업이 이루어지고 있으며, 남극
해양생물자원보존조약을 근거로 물고기가 남획되지 않도록 국제적인 어획
관리를 하고 있다. 그러나 조약 비가맹 국가의 어업 활동으로 비막치어
(Patagonian toothfish)가 남획되고 있어 매년 잡히는 물고기의 크기가 작아
지고 있는 것으로 보고되고 있다. 2001~02년 시즌에 남극 해역에서 이 어
종이 13,000톤 가까이 잡혔다는 보고가 있지만, 이 외에 불법 조업에 의한
어획이 1만 톤 정도 될 것으로 짐작하고 있다. 이런 불법 조업을 없애기 위
하여 어선의 위치를 감시하고, 어획 증명서 첨부를 의무화하는 등의 대책을
강구하고 있다.

2000년 11월 그린란드 앞바다 수심 1,300m 지점에서 길이 1.8m의 비막
치어가 걸그물에 걸려 북반구에서의 첫 번째 채집 기록을 남겼다. 남극해에
서 몇 세대를 거쳐 해양 심층 대순환 해류를 타고 멀리 적도를 넘어 이동해
온 것으로 생각되고 있다.

84

남극 육상에 사는 생물

남극 육상에는 동물도 식물도 존재하지 않을까? 남극 대륙의 3% 정도를 노암 지대라고 부르는 눈과 얼음이 없는 바위와 모래땅이 차지하고 있다. 저온과 건조, 강풍, 자외선 등 혹독한 환경의 노암 지대에는 극히 적은 수의 동식물만 살고 있다. 정착성 생물은 중·저위도의 육상에 비하여 압도적으로 적고, 번식을 위하여 계절적으로 찾아오는 아델리펭귄 등 바닷새가 남극 육상을 생활의 터로 삼을 뿐 남극 육상에는 황량한 바위 지대의 경관이 펼쳐져 있다.

남극을 생물 분포로 보면, 해양성 남극(종자식물과 이끼류가 분포하는 남극 반도 서남부와 아남극의 섬들)과 대륙성 남극으로 나누어진다. 대륙성 남극의 노암 지대는 대부분 대륙 주변부 해안 가까이에 분포하며, 월평균 기온이 0℃를 상회하는 달이 없다. 겨울에는 기온이 −40℃까지 내려가며, 생명 활동에 필요한 물이 존재하는 시기는 여름철 짧은 기간뿐이다. 그러므로 노암 지대의 생물은 지극히 빈약하며, 이끼류, 지의류, 조류 같은 꽃이 피지 않는 식물과 균류, 원생동물, 진드기, 선충, 완보동물(water bear) 같은 미소한 동물이 상대적으로 환경이 좋은 장소에 모여 분포하고 있다. 바닷새가 계절적으로 둥지를 만드는 장소에는 새들의 배설물이 식물의 영양분이 되므로 융설수가 공급되는 등 조건이 좋으면 이끼와 지의류가 번성한다.

반면에 해양성 남극은 월평균 기온이 6℃를 넘는 달이 있는 등 대륙성 남극보다 기온이 높고, 안개에 의한 수분 공급도 이루어진다. 그러므로 대륙성 남극보다 많은 생물종이 풍부한 군락을 만들

호소 바닥의 이끼와 조류 군락 (쓰치야 야스다카 촬영)

고, 이끼와 지의류의 식생피복이 육상을 넓게 덮고 있다. 식물이 생산한 유기물을 미소 동물이 이용하나 이들을 먹는 동물은 없기 때문에 먹이사슬의 계층은 발달하지 않는다.

한편, 노암 지대의 와지에는 빙하의 융빙수가 고인 담수호와 남겨진 해수가 증발되면서 염분 농도가 높아진 염호까지 다양한 환경 조건의 호소가 존재한다. 기온이 −40℃까지 내려가는 육상에 비하여 동결되는 호소 표면의 2m 정도 이외에는 빙점 아래로 내려가지 않으며, 여름에는 10℃ 정도로 상승하는 곳도 있으므로 온도 조건은 호소의 수중 쪽이 생물에게 더 유리하다.

대부분의 호소가 영양염류의 농도가 낮으므로 생물량은 많지 않지만, 규조류와 녹조류, 남조류 등의 조류가 식물 플랑크톤으로 자라고 있다. 호소 바닥에는 이끼 식물과 조류가 뒤섞인 매트 모양의 군락이 형성되며, 부분적으로 솟아올라 1m 가까운 높이의 기둥 모양을 한 군체가 보이는 곳도 있다. 이 군체를 만든 이끼 가운데는 주변 육상에 분포하지 않는 종도 있으므로 남극의 호소 발달사를 푸는 실마리가 숨겨져 있는 것으로 생각되고 있다.

85

바다표범은 왜 극역 바다에 많을까

바다표범은 왜 극역 바다에 많을까? 바다표범은 방추 모양의 체형과 헤엄치기에 알맞은 앞뒤 지느러미발 그리고 산소를 유지하는 능력이 큰 암적색 근육이 많은 등 바다 속으로 잠수하며 먹이를 잡는 생활에 적응된 몸 구조를 지니고 있다. 또 솜털이 밀생한 모피와 두꺼운 피하지방층은 찬 바다에서 체온을 유지하는 데 큰 도움이 되므로 극역 바다에서도 생활할 수 있다.

한편, 바다표범의 새끼는 육상이나 해빙 위에서 태어나며, 젖을 뗄 때까지는 그곳을 떠나지 않는다. 극역에서는 번식을 위하여 육지로 돌아갈 필요 없이 해빙 위에서 번식함으로써 분포 범위를 넓힐 수 있는 이점이 있고, 먹이생물의 분포에 번식 방법을 맞출 수 있다. 그러므로 해빙이 만들어지는 남극과 북극에 많이 서식하고 있다.

바다표범은 오래전부터 양질의 모피와 기름을 목적으로 한 상업 포획의 대상이었다. 현재는 엄격한 자원 관리 아래에 모피를 목적으로 한 하프바다표범과 두건바다표범의 상업 포획이 북극에서 계속되고 있다. 남극에는 다섯 종의 바다표범이 서식하고 있다. 남방코끼리바다표범은 육상에서 번식하기 때문에 과거에는 포획의 대상이 되었다. 남극 반도와 남아메리카 대륙 사이의 섬과 아남극의 섬에서 번식하며, 바다표범 가운데 가장 커 어른 수컷은 몸길이 4.5m, 몸무게는 4톤이나 된다. 먹이를 찾아 장거리를 회유하며,

수심 1,200m 아래까지 두 시간 넘게 잠영한 기록이 있다. 게잡이바다표범은 톱 모양의 이빨로 크릴새우를 걸러내듯이 먹는다. 과거에 사람들이 바다표범의 소화 기관을 채우고 있던 크릴새

킹조지 섬의 남방코끼리바다표범

우를 게로 착각하여 게잡이바다표범으로 명명했다. 이 종은 전 세계 바다표 범의 반 이상을 차지하며, 개체수는 1,500~4,000만 마리로 대형 포유류 가 운데 수가 가장 많은 것으로 추정하고 있다.

레오퍼드바다표범은 육식성으로 펭귄 등 바닷새와 다른 바다표범을 공격 하여 잡아먹는다. 게잡이바다표범의 몸에서 상처를 자주 볼 수 있는데, 이는 레오퍼드바다표범의 공격을 받아 생긴 것이라고 한다. 2003년 7월 영국의 남극 관측 기지 앞바다에서 잠수 조사하던 대원이 레오퍼드바다표범에 의 하여 바닷속으로 끌려들어가 죽는 사고가 일어났다. 사람이 바다표범의 공 격을 받은 최초의 사례로 기록되었다.

웨델바다표범은 바다표범 가운데 가장 남쪽의 해빙 지대에서 생활하며, 쇼와 기지 주변에서도 자주 보이는 종이다. 이들은 송곳니로 해빙에 구멍을 뚫어 호흡을 한다. 이들의 서식처는 해빙으로 온통 덮여 있기 때문에 호흡공 을 스스로 뚫지 못하는 레오퍼드바다표범이나 범고래가 들어오지 못하므로 공격당할 우려가 적다. 가장 늦게 발견된 로스바다표범은 대륙 주변의 부빙 지대에 서식하고 있다.

86

펭귄 중의 펭귄, 황제펭귄

펭귄은 아남극권 전체 조류의 80%를 차지하며 남극 생태계에서 중요한 역할을 하고 있다. 전 세계에 17종이 서식하고 있다. 키는 40~120cm, 몸무게는 1~40kg으로 크기에 차이가 있으며, 주로 남반구의 한류 해역에 분포하고 있다. 이 가운데 남극에만 분포하는 종이 황제펭귄과 아델리펭귄이다. 펭귄 화석으로는 지금까지 40종이 발견되었으며, 키 160cm, 몸무게 80kg 정도로 추정되는 대형종도 확인되고 있다.

남극에는 여덟 종류의 펭귄이 분포하고 있으며, 이 가운데 최대 종은 황제펭귄이다. 어른 펭귄은 키 100~130cm, 몸무게 30~40kg이며, 커다란 몸에 어울리지 않을 만큼 플리퍼(노 모양으로 변형된 날개)가 작기 때문에 저온에서도 체온의 방출을 최대로 억제할 수 있다. 남극에 사는 펭귄 가운데서도 가장 혹독한 환경에 적응하고 있으므로 펭귄의 대표 선수라고 할 수 있다. 물고기와 오징어, 크릴새우를 먹이로 삼으며, 600m 이상 잠수한 기록이 있다. 이 종은 유일하게 빙붕이나 빙붕에서 분리된 빙산 근처의 해빙 위에 집단 번식지를 만들고, 다른 종과는 거꾸로 겨울에 번식한다. 크기뿐만 아니라 번식 방식도 당당한 남극의 동물로서 황제라는 이름이 잘 어울리는 듯하다.

생후 5~6년이 지나면 번식을 시작하며, 20년이 지나도 번식을 계속하는 개체가 있다. 3월부터 집단 번식지에 모이기 시작하여 12월까지 번식지 중

리세르라르센 반도 동쪽 해빙 위
황제펭귄의 집단 번식지
(호리베 토시오 촬영)

심의 생활을 계속한다. 한겨울로 향하는 5~6월에 길이 12cm, 무게 450g 정
도의 알을 한 개 낳으며, 수컷이 선 채로 발 위에 놓고 2개월 정도 따뜻하게
유지한다. 산란한 암컷은 먹이를 구하러 바다까지 때로는 수백 킬로미터씩
해빙 위를 여행한다. 암컷이 먹이를 가지고 돌아올 즈음, 수컷은 굶으면서
알을 품고 있느라 체중이 절반 정도 감소하는 일도 드물지 않다. 알을 품을
무렵은 남극의 기온이 가장 내려가고 블리자드도 많은 시기이다. 황제펭귄
은 밀집하여 몸을 서로 가까이 붙이고, 집단 바깥쪽의 개체는 때때로 안쪽으
로 교대하면서 체온의 방출을 최대한 피하고 에너지 소비를 억제한다.

　새끼가 부화할 무렵 암컷이 돌아오는데, 미리 부화한 경우 수컷은 식도에
서 분비되는 펭귄 밀크라고 불리는 단백질과 지방이 풍부한 분비물로 새끼
를 키운다. 부화 후 40~50일 정도 지나면 새끼들만으로 이루어진 집단을 만
들며, 어미는 울음소리로 자기 새끼를 불러내어 입으로 먹이를 전달해 준다.
11월 초가 되면 새끼는 태어났을 때의 솜털에서 깃털로 바뀌는 털갈이를 시
작한다. 털갈이는 40일 정도 걸리며, 이즈음 어미는 새끼에게 먹이 공급을
멈춘다. 새끼는 털갈이를 끝내기 전에 번식지를 떠난다. 집단 번식지가 만들
어진 해빙이 이소(離巢)하기 전에 붕괴하면 번식률이 매우 낮아지는 등 번식
성공률은 해빙 상황에 크게 영향을 받는다.

87

남극에서 새끼를 키우는 아델리펭귄

펭귄 중에는 육상의 번식지를 계절적으로 찾는 종과 연중 번식지에 머무르는 종이 있다. 아델리펭귄은 번식을 위하여 여름에는 남극의 섬과 노암 지대에 모이며, 이외의 기간에는 먹이를 잡으면서 북쪽의 유빙 지대에서 보내는 것으로 알려져 있다.

아델리펭귄은 중형 펭귄으로 다 자라면 키 70cm, 몸무게 6kg이 된다. 쇼와 기지 근처에는 20~2,000마리 전후의 비교적 소규모 집단 번식지가 있다. 로스 해 지역에는 100만 마리가 짝을 이루며 서식하고 있는 것을 비롯하여 남극 반도 서안, 남극 대륙 주변의 노암 지대와 섬에 많은 집단 번식지가 있다. 최대 번식지는 어데어 곶으로 약 28만 마리가 짝을 이루며 서식하고 있다. 20년 이상 생존한 개체도 보고되고 있다.

번식지에 모이기 시작하는 시기는 장소에 따라 조금 다르며, 쇼와 기지 주변에서는 10월 중순이다. 일부일처제로 수컷이 작은 돌을 모아 둥지를 만들고, 11월 중순이 되면 길이 7cm, 무게 120g 정도의 알을 두 개 낳는다. 산란 후 암컷은 먹이를 구하러 둥지를 떠나고, 이후에는 수컷이 알을 품는다. 암컷이 먹이를 가지고 돌아오면 수컷이 교대하여 먹이를 구하러 간다.

12월 하순이 되면 알이 부화하기 시작한다. 부화한 지 20일가량 지나면 새끼들은 10~20마리씩 모여 크레슈(프랑스 어로 보육원의 의미)를 만든다.

킹조지 섬에서 크레슈를 형성한
새끼 아델리펭귄들

어미는 1~2일 간격으로 크레슈에 있는 새끼를 울음소리로 불러내어 반쯤 소화된 먹이를 입으로 전해 준다. 아델리펭귄 새끼는 어미의 울음소리를 기억하고 있다. 새끼는 부화한 지 50~60일 지나면 서식지를 떠나는데, 도둑갈매기에 의한 알과 새끼의 포획, 아사 등으로 이소하기 전에 20~40% 정도 사망한다. 새끼에게 먹이를 주는 간격은 둥지에서 사냥터까지의 거리와 크릴새우의 서식 밀도 등 먹이를 얼마나 쉽게 구할 수 있는지의 영향을 받으므로 해빙의 얼음 상태가 새끼의 생존율을 좌우한다.

서남극의 남극 반도 지역에서는 최근 겨울철에 해빙이 많이 얼지 않으므로 크릴새우의 먹이가 되는 얼음 조류의 생육량이 줄어들면서 아델리펭귄의 개체수도 감소하고 있는 것으로 보고되고 있다. 반면에 아델리펭귄의 개체수 조사를 계속하고 있는 동남극 쇼와 기지 주변에서는 특별한 감소 경향은 보이지 않으며, 장소에 따라서는 조금씩 증가하고 있다.

아델리펭귄은 크릴새우와 물고기를 먹이로 삼는데, 펭귄 등에 초소형 수심 기록계를 달아 조사한 바에 따르면 최고 170m까지 잠수한 기록이 있다. 또 복수의 개체가 협력하여 크릴새우를 잡기도 한다.

88

펭귄은 남극에서만 볼 수 있을까

남극에 가면 반드시 펭귄을 볼 수 있을까? 어디로 가면 야생 펭귄을 볼 수 있을까? 수족관과 동물원이 아닌 자연 속에서 펭귄을 보고 싶어 하는 사람은 무슨 일이 있어도 남극에 가야 한다고 생각할지 모른다. 펭귄은 남극에 가면 반드시 볼 수 있다. 특히 남극 관광에서 펭귄 관찰은 하이라이트의 하나이다. 하지만 남극이 아니어도 펭귄을 볼 수 있는 지역이 있다.

펭귄은 17종 혹은 아종을 포함하여 18종이 서식하고 있으며, 모두 남반구에 분포하고 있다. 17종 가운데 황제펭귄, 아델리펭귄, 턱끈펭귄, 젠투펭귄, 마카로니펭귄, 임금펭귄, 록호퍼펭귄, 로열펭귄의 8종은 남극 대륙 주변이나 아남극의 섬들에 분포하고 있다. 이 가운데 남극 대륙 연안에 서식하고 있는 것은 황제펭귄과 아델리펭귄 두 종뿐으로, 쇼와 기지에서 볼 수 있다. 킹조지 섬에는 아델리펭귄과 턱끈펭귄, 젠투펭귄이 서식하므로 한국과 중국의 관측대는 이 세 종류의 펭귄을 볼 수 있다.

펭귄 가운데 가장 큰 황제펭귄의 키는 약 1m이고, 임금펭귄은 80cm 정도이다. 대형 펭귄은 이 두 종뿐이며, 나머지 종은 키가 고작해야 20~40cm이다. 임금펭귄은 케르겔렌 제도, 사우스조지아 섬 등 아남극 섬들에 서식하고 있다. 남극 관광선 중에는 임금펭귄과 여러 종류의 갈매기 등 아남극 생물과 생태계를 보기 위하여 운항 도중에 인근 섬들에 기항하는 경우도 있다.

킹조지 섬 해안에 서 있는 턱끈펭귄

  그러나 펭귄만 보기 위해서라면 꼭 남극에 갈 필요는 없다. 위도가 훨씬 낮은 아프리카 대륙과 남아메리카 대륙 남단에도 펭귄은 서식하고 있다. 적도에 가까운 갈라파고스 제도는 생물학자 다윈이 진화론의 힌트를 얻은 장소로 유명한데, 이곳에는 갈라파고스펭귄이 서식하고 있다.

  오스트레일리아의 필립 섬은 펭귄을 관찰하기 좋은 곳으로 알려져 있다. 필립 섬은 멜버른 동남쪽 120km에 위치하므로 멜버른에서 당일치기로 다녀올 수 있다. 이곳에서는 저녁 무렵, 낮 동안 바다에서 지낸 리틀펭귄이 육지로 돌아오는 행렬을 연중 볼 수 있다.

V

극지의 이상과 현실

89

남극은 어느 나라에 속하는가

남극은 어느 나라의 영토일까? 남극 대륙에는 7개국이 영토권을 주장하고 있는 영역이 있지만, 남극조약 가맹국들은 관측을 위하여 자유롭게 왕래할 수 있다. 남위 60° 이남의 남극조약 지역에서는 어디를 가더라도 여권이 필요하지 않다.

이 조약은 미국을 포함한 12개국에 의하여 1959년 채택되었으며, 1961년 6월 23일 비준을 받아 발효되었다. 그 골자는 남극조약 지역에서 (1) 영토권 주장의 동결, (2) 과학적 조사의 자유 및 국제 협력의 촉진, (3) 군사적 이용의 금지, (4) 생물 및 환경의 보호로 이루어져 있다. 남극조약은 남극을 국경이 없는 그리고 국제 협력으로 체결된 이상향으로 만든 최초의 틀로서 높이 평가되고 있다.

남극은 전인미답의 땅으로서 오래전부터 탐험가와 항해자를 불러들였으며, 그 바다는 포경과 바다표범 사냥 등 경제 활동의 장이었다. 18세기 이후 구미 제국의 항해자와 바다표범을 쫓아 남하한 사냥꾼이 남극권의 도서와 곶을 발견, 보고하면서 영토권을 주장하는 근거가 되었다. 그러나 거친 바다와 얼음 바다로 둘러싸여 있고, 눈과 얼음의 세계라고 해도 좋은 남극은 사람들이 정주할 수 있는 장소가 아니기에 포경 기지 등 일부를 제외하면 장기간 체류하는 일은 없었다. 제2차 세계 대전 이후 냉전 시대에 미·소 양국이 정치 및 군사적으로 남극에 큰 관심을 갖게 되면서 긴장이 고조되었다.

이런 상황에서 1957년 7월부터 이듬해 말까지 국제 지구물리관측년이 각국의 과학자들에 의하여 제창되었다. 국제지구물리관측년

2003년 6월 마드리드에서 열린 제26회 남극조약 협의회의

에는 67개국이 참가했으며, 남극에서는 미국을 포함한 11개국(중간에 12개국으로 늘었음)이 65개 기지에서 관측을 실시했다. 남극 관측에 참가한 각국은 많은 어려움을 국제 협력으로 극복하며 이 국제 공동 관측을 성공적으로 이끌었다. 과학자들은 계속적인 남극 관측을 열망했다. 세계는 과학 협력이 남극의 정치적 긴장을 완화시키는 실질적인 합의를 이끄는 열쇠가 될 수 있음을 배우고, 국제지구물리관측년으로 성공한 남극 관측을 계속 발전시키면서 동시에 평화로운 남극을 실현하기 위하여 남극조약을 체결하게 되었다.

2003년 9월 현재 남극조약 체결국은 45개국이다. 이 가운데 남극에서 실질적인 과학적 연구 활동을 실시하고 있는 것으로 인정받아 조약 회의에서 투표권을 갖는 협의국은 27개국이다. 조약 사무국은 아르헨티나의 부에노스아이레스에 있다. 남극에서의 환경 보호와 자원 관리 등 다양한 문제를 해결하기 위하여 매년 남극조약 협의회의가 열리고 있으며, 여기에서 채택된 권고 및 결의안이 체결국 사이에서 지켜지고 있다.

90

북극의 외딴섬은 어느 나라 땅일까

지구 구석구석까지 전부 탐사된 현재에도 어느 나라의 영토도 아닌 땅이 있을까? 정답은 '그렇다' 이다. 지금도 남극과 북극에는 어느 나라에도 속하지 않은 땅이 있다. 그 가운데 하나가 최북단이 북위 81°에 이르는 면적 63,000km²의 스발바르 제도이다. 본도인 스피츠베르겐 섬을 비롯하여 다섯 개의 큰 섬과 수많은 작은 섬으로 이루어진 얼음으로 덮인 군도이다. 약 3,500명의 노르웨이 인과 러시아 인이 거주하고 있다. 북유럽에서 진북으로 1,000km 거리에 위치하는 그야말로 외딴섬이다. 북대서양을 사이에 두고 멀리 그린란드와 마주하고 있다.

소유자가 없는 섬이라도 무법 지대가 되어서는 곤란하다. 제1차 세계 대전 직후인 1920년에 체결된 스발바르 조약을 근거로 주권은 노르웨이가 가지고 있다. 노르웨이의 주요 국내법은 스발바르 제도에서도 적용된다. 그러나 노르웨이 사람들은 이곳에 본적을 둘 수 없다. 섬에 부속된 선거권이 없으므로 섬에 사는 사람들은 본토의 본적지로 돌아가 투표하게 된다.

조약에는 노르웨이를 포함하여 어느 나라도 섬에 군사 기지를 설치할 수 없도록 하고 있다. 그러나 그 밖의 상업적 행위 등에 대해서는 조약 가맹국 국민에게 동등한 권리가 주어지고 있다. 즉 노르웨이 사람에게 허가된 행위는 조약 가맹국 사람들도 모두 똑같이 행사할 수 있다.

역사적으로 보면 처음 스발바르 제도에는 포경업이 활발했다. 지금도 노르웨이는 적극적으로 고래를 잡는 많지 않은 나라의 하나로서, 17세기에 네덜란드가 이

스발바르 제도의 뾰족한 산봉우리들 (요시오카 미키 촬영)

곳에 기지를 설치한 이후 오랜 기간 포경을 계속해 왔다. 포경업이 쇠퇴하게 된 18세기 후반부터는 바다코끼리와 바다표범, 그리고 여우 등 모피 짐승의 상업적 수렵이 시작되었다. 바닷새의 깃털은 이불을 만드는 데 빠뜨릴 수 없다. 그러나 이런 수렵은 채산이 맞지 않아 현재는 거의 이루어지고 있지 않다.

섬에서는 지금도 러시아와 노르웨이가 양질의 석탄을 계속 채굴하고 있다. 또 금을 비롯한 금속류와 석유 매장도 유망한 것으로 보고 있지만, 환경 보전 문제와 맞물려 활발하게 채굴하고 있지는 않다.

섬 주위에는 대구와 청어 이외에 맛좋은 새우와 가리비가 대량으로 잡히는 훌륭한 어장이 형성되어 있다. 그러나 스발바르 제도에 어업의 본거지를 두는 경우는 적은 것 같다.

스발바르 제도는 과거 북극 탐험의 거점으로 많은 탐험가들이 이곳에서 북극을 향하여 출발했다. 그리고 현재는 세계 각국이 참여하는 과학 기지의 섬으로 변모하고 있다.

91

남극의 환경 보호에 관한 조약

남극에서 석탄이 발견되고 석유 또한 매장되어 있는 것으로 알려져 있다. 이런 남극의 광물자원을 이용할 수 있을까? 1970년대 전반부터 각국은 남극의 광물자원에 큰 관심을 가지고 있었다. 1980년대에는 미국의 석유 회사가 석유를 시추하려고 시도했다. 또 남극을 찾는 관광객도 1970년대에는 만 명에 달했다. 남극에서 관측과 관광, 어업 등 인간 활동이 증가함에 따라 폐기물 문제와 극한 환경에서 살고 있는 생물에 대한 악영향이 대두되면서 환경과 생물에 대한 논란이 일고 있다.

남극조약 체결국은 남극에서 일어나는 이런 다양한 문제를 해결하기 위하여 남극조약 협의회의를 열고 있다. 조약의 취지를 실현하기 위한 방안을 지금까지 200개 이상의 권고 및 결의안으로 만들었고, 조약 체결국은 각각 국내법을 만들어 실천해 왔다. 처음에는 남극에서 각국의 관측 활동을 안전하고 원활하게 실시하기 위한 약속이나 생물 조사를 위하여 출입 규제가 필요한 보호 지구의 지정 등이 주요 내용이었다.

그 후 남극에서 인간 활동이 늘어나고 환경 보호 의식이 고양되면서 환경 보호에 관한 권고안이 다수 채택되었다. 남극역의 크릴새우 등 해양 생물자원이나 광물자원의 보존과 취급을 둘러싸고 각국의 합의에 의한 관리가 필요하다는 의식이 높아져 '남극바다표범 보존조약', '남극해양생물자원 보

존협약'이 채택되고 발효
되었다. 또 1991년 환경
보호에 관한 조치 등을
종합하여 본 조약을 보완
한 '환경 보호에 관한 남
극조약의정서(일명 마드
리드 의정서)'가 채택되
어 남극의 환경을 포괄적
으로 보호하는 틀이 만들

쇼와 기지 남쪽 약 30km 지점에 위치하는 남극 특별 보
호 지구 No. 141 유키도리 계곡(중앙 왼쪽의 계곡)

어졌다. 이 의정서를 근거로 남극조약 지역에서 환경 영향 평가의 실시, 광
물자원 활동의 금지, 동·식물의 보호, 폐기물의 처리 및 관리, 해양 오염 방
지와 남극 특별 보호 지구 등의 결정이 합의되었다. 1998년 발효된 마드리
드 의정서에는 현재 27개국이 협의국으로 가입하고 있다. 의정서를 이행하
기 위하여 일본은 1998년 '남극 지역 환경 보호에 관한 법률'을 시행했다(한
국도 2004년 '남극 활동 및 환경에 관한 법률'을 시행했다).

매년 일본의 남극 관측대는 관측 활동 계획을 신청하고 확인을 받고 있다.
환경을 오염시키지 않도록 남극의 관측 현장에서 발생한 폐기물은 분리하
여 가지고 돌아오며, 남극으로 외래 생물의 반입도 금지하고 있다. 또 발전
기의 폐열을 효과적으로 이용하는 열병합 시스템과 태양광, 풍력 등 자연 에
너지를 이용함으로써 소비 연료와 배출 가스를 줄이는 등의 노력을 계속하
고 있다. 환경 보호는 물론 지구 환경 관측에도 인위적인 영향이 섞이지 않
도록 깨끗한 남극 관측을 지향하고 있다.

92

국제 공동 연구

　일본은 북극에 위치하지도 않는데 왜 북극을 연구하고 있을까? 북극권의 대지는 모두 어딘가의 나라에 속한다. 그곳에는 그 나라 사람들이 오래전부터 거주하며 생활하고 있다. 그런 장소에 비록 학술적인 목적일지라도 '외국인'이 들어가도 괜찮을까라는 의문이 들기도 한다.

　자연은 지구를 국가 단위로 구분하고 있지 않다. 일본도 북극도 지구의 일부에 지나지 않는다. 바람은 국경을 넘어 불고 있으며, 바닷물은 이 대륙에서 저 대륙으로 흘러간다. 지구 규모의 현상을 근본적으로 이해하기 위해서는 문제가 되고 있는 장소의 상황만을 조사해서는 안 된다. 문제 해결을 위해서는 지구적인 시야가 필요하다.

　예를 들면, 일본에 한파 형태로 밀려오는 한랭한 대기는 아시아 대륙으로부터 동해를 건너 들어오므로 일본의 기온 변화를 조사하는 것만으로는 한파를 정확하게 분석할 수 없다. 중국과 러시아의 기상을 조사하지 않으면 한파가 밀려오는 경위를 알 수 없다.

　대개의 경우 각 국가가 필요한 조사와 관측을 수행하고 있으므로 일부러 그곳까지 조사하러 가지 않더라도 데이터를 얻을 수 있다. 그러나 북극에는 필요한 데이터가 없는 경우가 많다. 스스로 조사하는 것 이외에는 방법이 없지만, 타국의 영토이므로 마음대로 들어가 조사할 수도 없다.

일본의 북극 관측 기지
스발바르 제도의 니알슨
(야마노우치 다카시 촬영)

　그래서 생각해 낸 것이 국제 공동 연구이다. 여러 나라의 연구 기관이 제휴하여 각각 자신이 가장 잘할 수 있는 부분을 맡아 협력하면서 조사를 수행한다. 해당 국가의 연구 기관도 참여하고 있기 때문에 영토에 관한 분쟁은 일어나지 않는다. 조사 자금, 관측 자재, 인력, 분석 설비 등을 각국의 사정에 맞추어 분담한다. 일본의 연구자도 미국, 캐나다, 북유럽 국가, 러시아 등의 연구자들과 국제 공동 연구를 진행하고 있다.

　이런 조사가 제각기 진행되면 효율이 나쁠 뿐만 아니라 그로 인한 폐해도 생기기 마련이다. 그래서 과학자의 입장에서 건전하고 효율적으로 북극 연구를 추진하기 위하여 북극권에 영토를 지닌 8개국이 모여 국제북극과학위원회(IASC)를 설립했다. 그리고 곧 국제 공동 연구가 아니면 북극 연구를 추진할 수 없음을 깨닫고는 북극권에 위치하지 않는 국가도 회원국으로 가입할 수 있도록 문호를 개방했다. 일본은 1991년 국제북극과학위원회에 가입하여 북극 조사와 연구를 실시할 수 있게 되었다(한국은 2002년 18번째 회원국으로 가입했다). 즉 비 북극권 국가도 지구 규모의 문제를 검토할 때 빠뜨릴 수 없는 북극 연구가 가능하게 된 것이다.

93

국제 과학 기지촌

　버려진 마을을 재건하여 다른 목적으로 사용하는 경우가 있다. 스발바르 제도의 본섬 스피츠베르겐 섬의 북서부 해안에 니알슨이라는 취락이 있다. 북위 79°의 북극 땅이다. 과거에는 탄광촌으로 번성했으나 현재 이 마을은 국제적인 북극 과학 기지촌으로 재이용되고 있다.

　니알슨에서 석탄이 발견된 것은 1610년이었다. 고래를 쫓아온 영국의 조나스 풀이 이곳에서 '잘 타는 돌'을 발견했다. 그러나 본격적으로 석탄을 캐기 시작한 것은 300년이나 지난 뒤의 일이다. 20세기 초 니알슨으로 몇 번이나 조사단을 파견한 후, 1917년 석탄 채굴이 시작되었다. 200~300명의 광부가 매년 10만 톤 가까운 양질의 석탄을 채굴하여 남쪽의 시장으로 보냈다. 그러나 갱도에서 폭발 사고가 거듭되었기 때문에 안전상의 이유로 1929년 광산이 폐쇄되었다. 이 무렵에 벌써 마을의 재이용 방안이 기획되었다. 1935년에는 어업 기지가 세워졌으며, 1937년부터 3년간은 관광 개발도 시도되었다. 이때 개장한 '북극 호텔' 건물은 지금도 남아 있다. 두 번의 시도 모두 큰 성공을 거두지는 못하고 1939년 종료되었다.

　고위도의 니알슨은 북극 지역 탐험대의 출·도착 거점으로 활용되고 있었다. 항공로로 북극점을 향하는 경우 극점까지 1,200km라는 지리적 이점이 자랑거리이다. 1925년, 1926년 그리고 1928년 아문센과 노빌레의 탐험대가

니알슨의 국제 북극 과학 기지촌 (요시오카 미키 촬영)

이곳에서 비행선으로 북극을 향하여 출발했다.

제2차 세계 대전 이후 석탄 수요가 늘자 1946년 석탄 채굴이 재개되었다. 그러나 사고가 끊이지 않아 1962년 광산은 최종적으로 폐쇄되었고, 이후 석탄 채굴은 중단되었다.

광산은 폐쇄되었으나 마을의 가옥과 설비는 철거되지 않고 그대로 유지되어 이것을 활용하려는 계획이 시작되었다. 1965년 유럽우주항공협회가 인공위성을 이용한 관측소를 니알슨에 개설했다. 이듬해에는 노르웨이 극지 연구소가 관측소를 설치했다.

당초 니알슨은 노르웨이의 연구 기관이 운영하는 국내의 북극 관측소였다. 1990년대에 들어와 다른 나라의 연구 기관도 불러들여 마을을 국제적인 북극 연구 거점으로 만들려는 계획이 제안되고 실행에 옮겨졌다. 현재 9개국 14개 연구 기관이 니알슨에 관측 설비를 가지고 있으며, 상호 협력하며 북극 연구를 수행하고 있다(한국은 2002년 이곳에 다산 과학 기지를 설립했다).

94

남극에 관광을 갈 수 있을까

　과학 활동이 목적이 아니어도 남극에 갈 수 있을까? 남극조약에는 남극에서의 활동을 과학 활동으로 한정하고 있지만, 1960년대부터 관광 여행과 탐험 여행도 실시되고 있다. 탐험가에게 남극은 마지막 변방으로서 매력이 있기에 남극점을 목적지로 한 여행이나 남극 대륙 최고봉인 빈슨 매시프(4,897m)의 등정, 산정에서의 스키 활강 등 그 목적은 실로 다채롭다. 탐험이든 관광이든 1990년대에는 연간 만 명이, 21세기가 된 지금은 만 오천 명의 사람들이 11월 말부터 3월 말까지 여름 시즌에 남극을 방문하고 있다.

　남극 대륙에는 숙박 시설이 없으므로 관광객 대부분은 배에 머무르면서 관광을 해야 한다. 관광객이 가장 많이 방문하는 곳은 로스 해 남서단의 맥머도 사운드와 남극 반도 끝 부근이나 남셰틀랜드 군도이다. 맥머도 사운드에서는 뉴질랜드의 스콧 기지, 스콧 오두막과 섀클턴 오두막, 아델리펭귄의 집단 번식지 등의 방문과 항공기를 이용한 드라이 밸리 관광이 이루어지고 있다. 이 부근에서는 분연을 내뿜는 에러버스 산과 표고 4,000m를 넘는 남극횡단 산맥을 조망할 수 있으며, 온종일 해가 지지 않는 남극을 만끽할 수 있다.

　남극 반도 부근에서는 펭귄, 바다표범, 빙산 등의 구경과 각국의 관측 기지 방문을 10일 정도의 단기간에 할 수 있다. 전부 배에서 숙박하며 고무보

트나 헬리콥터를 이용하여 목적지로 이동한다.

수년에 한 번 정도 남극 대륙을 일주하며 각국 기지와 노암 지대의 명소를 방문하는 투어도 실시되고 있다. 약 2개월간의 긴 항해로 비용이 비싸지만 한번 경험하면 또 가고 싶어진다는 사람이 적지 않은 것 같다.

관광이라기보다는 지구상에서 가장 비싼 여행이라고 할 수 있는 것이 남극점 방문이다. 칠레 남단의 푼타아레나스에서 비행기로 남극점을 왕복하게 되는데, 2주간 일정으로 비용은 약

남극행 비행기를 기다리는 동안 칠레 푼타아레나스를 둘러보고 있는 관광객

4,000만 원(2003년 시점)이다. 내륙 중계 기지인 패트리어트 힐스에서 날씨를 확인한 후 소형 비행기로 남극점까지 날아간다. 남극점 체류는 보통 2~3시간이다.

지금까지 남극에서의 등산은 대부분 최고봉인 빈슨 매시프를 목표로 삼았지만, 2002년 11월부터 2003년 1월까지 칠레의 등산가 네 사람이 총연장 400km의 엘즈워스 산맥 종주에 성공했다. 도중에 한 번의 보급도 받지 않고 종주를 달성하여 남극 등반사에 새로운 장을 열었다. 남극으로의 왕복은 전부 전세 비행기로 이루어진다.

95

남극까지의 항해

'시라세'는 '소야', '후지'의 뒤를 잇는 일본의 세 번째 남극 관측선으로서, 길이 134m, 만재배수량 19,000톤의 세계 최상급의 쇄빙선이다. 1983년 취항한 해상자위대의 선박이며, 1.5m 두께의 해빙을 연속적으로 부수면서 3노트(시속 5.5km)로 항해할 수 있도록 만들어졌다. 관측대의 화물 약 1,000톤을 싣고 매년 11월 14일 도쿄 만을 출항한다. 60여 명의 관측 대원은 항공편으로 오스트레일리아에 도착한 후, 프리맨틀에서 승선하여 쇼와 기지로 향한다. 출항하자마자 대기와 해양 관측이 시작될 뿐만 아니라 피난 훈련을 비롯하여 각종 협의와 남극에서의 관측 준비 등 여러 가지 일이 시작된다.

남극 대륙을 둘러싼 남위 40~60° 해역에는 강한 서풍이 불어 동쪽으로 향하는 남극환류가 나타난다. 강풍이 부는 이 해역은 오래전부터 '울부짖는 40°, 사나운 50°, 절규하는 60°'라는 별명이 붙을 만큼 거친 폭풍권역으로 두려움의 대상이었다.

시라세는 과거의 남극 탐험선에 비하여 월등하게 크고 안전하며 쾌적해졌다. 그러나 얼어붙은 바다에 갇히더라도 선체가 부서지지 않도록 둥그런 모양으로 만들어져 있기 때문에 옆으로 움직이기 쉬워 폭풍권에서는 한쪽으로 50° 이상 크게 기울어지기도 한다. 관측 대원들은 승선한 지 며칠 만에

이 거친 바다를 만나게
되므로 배에 익숙하지 않
은 대원에게는 가장 고통
스러운 때의 하나이다.

폭풍권을 넘으면 바다
는 갑자기 잔잔해지고 빙
산이 보이기 시작한다.
시라세의 항해에서 처음
빙산을 육안으로 볼 수

폭풍권에서 '시라세'의 갑판을 덮치는 파도

있는 곳은 남위 60° 전후이다. 기온과 수온 모두 갑자기 떨어져 선실 밖으로
나갈 때는 각자에게 지급된 모자와 장갑, 우모복을 입게 된다.

남극 대륙에 접근하게 되면 유빙이 떠도는 바다에서 얼음을 부수면서 전
진한다. 고위도이므로 여름에는 밤에도 어두워지지 않는다. 유빙 지대를 항
해하면 선체에 얼음이 닿는 소리나 긁히는 소리가 끊임없이 들린다. 유빙은
도처에서 겹쳐져 두꺼운 층을 만들며, 때로는 그 두께가 10m에 이르기도 한
다. 그런 곳에서는 연속적으로 얼음을 부술 수 없으므로 일단 배를 후퇴시켰
다가 가속해서 얼음에 배를 부딪치는 방법, 즉 차징(charging)으로 전진한
다. 선체가 크므로 충격은 작지만 얼음을 부수는 소리가 선실까지 들려온다.
얼음 상태가 나쁜 해에는 차징을 3,000번 가까이 반복해도 쇼와 기지 앞바
다에 접안하지 못하는 경우도 일어난다. 성능이 뛰어난 쇄빙선일지라도 무
척 버거울 때가 있어 인간의 상상을 초월하는 남극의 혹독한 자연을 절감하
게 된다.

96

남극에서의 월동 생활

남극의 월동대는 어떤 집에 거주하며 어떤 생활을 하고 있을까? 남극에서의 월동은 19세기 말부터 시작되었으며, 20세기 초 영웅시대라고 불리는 남극 탐험 시대를 제1세대, 나라에 따라 사정은 조금 다르나 국제지구물리관측년이 제2세대 그리고 현재가 제3세대이다.

제1세대는 오두막을 한 채 세운 후, 그 중심에 넓은 공간을 만들어 스토브를 놓고 조리를 하는 식당 겸 살롱이 들어섰다. 그리고 이를 중심으로 사방에는 침대와 연구 코너와 같은 일터가 마련되었다. 화장실은 옥외에 설치했으며, 목욕탕은 실내에 놓인 대형 대야에 온수를 채운 간이식이었다. 램프로 불을 밝혔으며 본국과의 통신 수단도 없었다.

제2세대 때는 각 기지에 거주동, 식당동, 연구동, 발전동 등 목적에 맞춘 여러 채의 건물이 세워졌다. 거주는 대부분 개인실로, 전등이 켜지고 난방이 들어오는 등 쾌적한 생활이 가능해졌다. 본국과의 통신에는 무선이 사용되었으며, 1980년대부터 항해 위성을 이용하여 본국의 가족과도 전화를 할 수 있게 된 것은 월동 대원에게 무엇보다도 큰 기쁨이었다.

제3세대가 되자 월동 생활 전체가 향상되었다. 개인실이 넓어지고 화장실도 각각 설치되는 등 편리한 월동 생활을 하게 되었다. 사우나는 남극 대부분의 기지에 설치되어 있다. 온몸에서 땀이 나와 심신을 상쾌하게 하는 사우

제1세대의 월동 오두막인 로스 섬 로이즈 곶의 섀클턴 오두막으로 1907년에 축조되었다.

나의 효과는 어느 나라의 대원에게나 사랑받고 있다.

지구상 담수의 70%가 존재하는 남극이지만 월동 대원은 물이 없어 고생한다. 왜 남극에서는 물 때문에 고생을 할까? 그것은 바로 물이 얼어 있기 때문이다. 남극점 기지와 같은 내륙 기지에서는 연중 눈을 녹여 물을 만들고 있다. 쇼와 기지와 같은 대륙 연안의 기지에서는 여름에는 융빙수가 고인 연못의 물을 사용하고, 겨울이 되어 연못이 얼면 눈과 얼음을 녹여 물을 얻는다. 해수를 화학적으로 처리하여 물을 얻는 기지도 있다. 이런 물은 수돗물보다 몇 배나 더 비싸다. 여하튼 남극 생활에서는 늘 '물 절약'이 빠질 수 없다.

난방은 전기와 석유 히터 등 기지에 따라 사정이 다르다. 한국과 일본, 중국의 기지에서는 실내 온도를 15~17℃ 정도로 맞추고 긴팔 셔츠를 입고 생활한다. 그러나 미국의 기지는 평균 기온이 −50℃에 달하는 남극점 기지에서도 실내 온도를 20℃ 이상으로 유지하며 티셔츠 차림으로 지내고 있다.

97

남극의 화장실 사정

　남극에서는 정말로 오줌이 막대기 모양으로 얼까? 이 의문은 남극 이야기를 들은 모든 나라의 어린이들이 갖는 국제적인 의문이다. 한겨울의 남극은 기온이 −50~−60℃이다. 오줌이 막대기처럼 어는 일은 없지만, 야외에서 일을 보는 것은 아주 큰일이다.

　1970년대부터 남극을 오염시키지 않도록 배설물 처리에 여러 가지 제약이 가해졌다. 카부스(caboose)라고 불리는 포장을 씌운 썰매에 간이 변기를 갖추고, 기지에서 떨어진 내륙 조사 여행에는 설상차로 끌고 다닌다. 설면에 구멍을 파고 일을 보던 시절과 비교하면 바람이 닿지 않게 된 만큼 편해진 것은 사실이다. 그러나 포장이 있다고 해도 난방이 되지 않는 내부의 온도는 바깥 기온과 거의 같으므로 피부를 노출시키면 매우 춥다. 배설한 변은 곧 얼어 버리기 때문에 냄새는 거의 나지 않는다.

　쇼와 기지가 건설된 당초에는 기지 안에 화장실이 없었다. 건물 근처에 텐트를 친 간이 화장실이 마련되어 있었지만, 일상적인 용변은 전부 100m 정도 떨어진 해안의 타이드크랙(tide crack)까지 가야만 했다. 타이드크랙은 밀물과 썰물로 인하여 해빙에 생기는 금을 가리킨다.

　그런 쇼와 기지였지만 1966년에는 당시 운행을 시작한 고속전철 신칸센과 동일한 수세식 화장실이 설치되었다. 당시로서는 남극 기지 중 가장 최첨

뉴질랜드의 반다 기지에 있었던
간이 화장실

단 화장실이었다. 그러나 수세식 화장실 탱크에 쌓인 오물을 정기적으로 바다에 배출해야 했고, 분해가 느린 남극에서는 오물이 해안에 그대로 퇴적되면서 환경오염이 발생했다. 그래서 기지 개축과 함께 화장실도 개선되어 환경오염이 적은 소각 방식의 화장실을 채택했다. 대변은 바이오 기술로 분해하고 수분을 줄인 후 소각하며, 재는 일본으로 가지고 돌아온다. 소변은 드럼통에 넣어 바다에 버리는 것이 현재 쇼와 기지의 화장실 사정이다.

1974년 개축된 남극점 기지에는 그때까지 미국과 뉴질랜드 관측대가 관측 초기부터 채택하고 있었던 허니버킷(honey bucket) 방식, 즉 방수가 되는 종이 봉지에 오물을 담아 쓰레기와 함께 모아서 버리거나 묻는 방식 대신에 수세식 화장실을 설치했다. 빙상에 깊은 구멍을 파고 수세식 화장실의 오수와 생활하수를 전부 그곳으로 배수하는 시스템이다.

요즘은 소각 방식 이외에 많은 기지에서 바이오 기술을 채택하고 있다. 이 방식이라면 오물은 완전히 분해되어 환경오염으로 이어지지 않는다. 한국과 중국, 칠레 등의 기지에서도 이 방식을 채택하고 있다.

98

남극에서는 무엇을 먹을까

남극에서 생활하는 관측 대원은 무엇을 어떻게 먹으며 생활할까? 일본의 쇼와 기지와 한국의 세종 기지뿐만 아니라 미국과 뉴질랜드, 오스트레일리아, 중국의 기지도 식생활은 실로 풍요롭다. 그 최대 이유는 냉동식품의 발달과 남극 기지에서도 냉장고와 냉동고를 쓸 수 있게 되었기 때문이다.

일본의 남극 관측대는 탐사 초기, 추운 곳으로 가는 것이므로 냉장고나 냉동고는 필요하지 않을 것으로 판단하여 준비하지 않았다고 한다. 그러나 남극점과 같은 내륙의 기지와는 달리 남극 대륙 연안의 기지는 여름에 기온이 영상이 되는 경우도 있다. 일반적으로 냉동식품은 −20℃ 상태로 보관해야 선도가 유지된다. 그래서 연안 기지에서는 냉장고가 필수품이다.

쇼와 기지에는 고기도 생선도 모두 냉동시켜 가지고 간다. 채소와 과일도 냉동식품이 적지 않다. 배로 운반하는 신선한 채소와 과일은 아무리 조심해서 보존해도 월동 생활 후반이 되면 없어진다. 수경 재배로 콩나물이나 무순처럼 신선한 채소를 약간 재배할 수는 있어도 대부분 냉동식품과 건조식품이 사용된다. 복숭아 통조림과 감귤 통조림은 후식으로 인기가 높지만, 통조림류는 그렇게 많지는 않다.

구미 기지의 식품 수는 2백 가지 정도인 반면 일본 관측대는 약 4백 종류의 식품을 준비한다. 일본인은 일식 이외에 양식, 중화요리도 좋아하므로 각

양식이 제공된 쇼와 기지의 저녁 식사.
식탁에 차림표가 놓여 있다.
(야마우치 야스다카 촬영)

각의 요리에 맞는 식자재가 필요하다. 또 어느 기지에도 식당 한편에는 자유롭게 마실 수 있는 차가 준비되어 있다. 종류로는 커피, 홍차, 코코아, 녹차, 보리차 등 다양하다.

식량을 구입하는 예산에는 물론 한도가 있지만, 재료를 다량으로 구입하므로 비교적 저렴하게 많이 살 수 있다. 이 풍부한 식자재를 전문 요리사가 조리하는 것이므로 남극 기지의 식생활은 풍요롭다고 할 수 있다.

오락거리가 적은 남극에서 식사는 가장 큰 즐거움이다. 그러므로 어느 기지에서나 일주일 단위로 또는 전날에 식단 차림표를 발표한다. 또 적어도 한 달에 하루 이틀은 생일잔치와 ○○기념일 등의 명목으로 특식을 제공하고 있다. 관측 대원은 긴 월동 생활을 식사를 즐기면서 극복하고 있다.

99

오로라 관광의 적지

'남극으로 오로라를 보러 가고 싶은데, 언제쯤 가면 좋을까?' 라는 질문을 남극 관측 대원이라면 누구나 한두 번은 들었을 것이다. 그 대답은 '남극은 오로라를 보기에 적당한 장소가 아니므로 북반구로 가라.' 이다.

관광 여행으로 오로라를 보는 경우 체류 기간은 길어도 1주일 정도이므로 그 기간에 반드시 오로라가 출현하는 장소를 선택해야 한다. 오로라의 출현 빈도가 높은 지역은 오로라대 바로 아래이다. 그런데 남극의 오로라대는 쇼와 기지와 같이 대형 쇄빙선으로 겨우 도착할 수 있는 지역이 많으므로 접근 수단이 제한되어 있다. 특히 오로라를 잘 볼 수 있는 시기는 어두워지는 시간이 긴 겨울이다. 겨울이 되면 그곳은 완전히 고립된 세계가 된다.

11월부터 4월까지의 관광 시즌에 비교적 가기 쉬운 남극 반도의 끝 부근은 유감스럽게도 오로라대 바깥쪽에 위치하므로 오로라 관광에는 적합하지 않다.

결국 오로라가 잘 나타나는 겨울철 북반구의 오로라대로 가는 것이 오로라를 볼 수 있는 가장 확실한 방법이다. 그러나 다른 세 가지 조건도 고려할 필요가 있다. 첫 번째 조건은 날씨이다. 오로라는 100km를 넘는 상공에서 일어나는 현상으로 그 아래에는 대류권이 있고 구름도 발생한다. 아무리 오로라가 난무하더라도 그 아래쪽 날씨가 나빠서는 오로라를 볼 수 없다. 오로

캐나다 옐로나이프의 오로라
(아라이 테루오 촬영)

라 관광은 맑은 날의 비율이 높은 지역으로 가는 것이 최선이다. 스웨덴의 키루나, 알래스카의 페어뱅크스, 캐나다의 옐로나이프 같이 해안보다는 내륙에 위치하는 장소가 좋다.

두 번째 조건은 오로라 활동이 활발한 시기에 가는 것이 좋다. 오로라 활동이 활발한 시기는 태양 흑점수가 많은 시기, 즉 태양 활동 극대기 전후의 수년간이다. 2002년이 지난번 태양 활동 극대기이므로 다음 극대기는 2011년이다. 그러므로 2010년부터 3, 4년간이 오로라 관광에 가장 적합한 시기가 된다. 이 기간의 9월에서 3월 사이에 옐로나이프로 가서 1주일 정도 체류하면 오로라를 볼 수 있는 확률은 90% 이상이다.

세 번째 조건은 하늘이 어두울수록 오로라는 빛나기 때문에 가능한 보름달 무렵을 피해 초승달 무렵에 가는 것이 좋다.

오로라는 색채가 풍부하고 움직임도 활발하여 '빛의 심포니' 또는 '가장 아름다운 자연 현상'이라고 불린다. 위의 조건들을 만족해야 이런 이름에 걸맞은 오로라를 만날 수 있는 가능성이 높아진다.

100

'타로와 지로 이야기'는 실화일까

    사람들이 모두 떠난 쇼와 기지에서 개 두 마리가 일 년간 살아남았다는 이야기를 들은 적이 있다. 왜 쇼와 기지에 개가 있었을까? 그리고 어떻게 살아남을 수 있었을까?

    일본이 남극 관측을 시작했을 때 기지에서의 운송 수단은 주로 설상차였지만, 보조 수단으로 개 썰매 팀도 준비되었다. 썰매를 끌게 하기 위해 남극에 개를 데려간 것이다. 극지뿐만 아니라 눈이 많이 내리는 지역에서는 겨울철 운송 수단으로 썰매가 사용되어 왔다. 현재 개 썰매는 거의 겨울 스포츠가 되어 버렸지만, 과거에는 극지 탐험의 주역이었다. 1910~1912년에 일본인 최초로 남극 탐험을 실시한 시라세도 내륙 조사에는 개 썰매를 사용했다.

    1911~1912년에 최초로 남극점에 도착한 노르웨이 아문센의 성공도 개 썰매를 사용했기 때문인 것으로 평가되고 있다. 같은 무렵 남극점을 목표로 출발한 영국의 스콧은 시베리아 말에게 썰매를 끌게 했다. 그러나 시베리아 말은 별로 도움이 되지 못해 거의 전 노정을 인간이 썰매를 끌며 걸어야 했다. 그는 아문센보다 한 달 늦게 남극점에 도착하기는 했지만, 돌아오는 길에 불귀의 객이 되고 말았다.

    아문센은 52마리의 개로 네 대의 썰매를 끌며 월동 기지를 출발하여 남극점에 도달했다. 도중에 짐이 줄어들자 허약해진 개는 사살하여 식량으로 사용했는데, 92일간에 걸친 왕복 3,000km의 여정이 끝났을 때 남은 개는 단 11마리였다.

타로(왼쪽)와 지로(중앙) (일본 국립극지연구소 제공)

쇼와 기지의 1차 월동대의 경우도 연안과 내륙 조사 여행에서 개 썰매가 크게 활약했다. 2차 월동대도 개 썰매를 사용할 예정이었다. 그런데 그해는 얼음 상태가 나빠 배가 기지에 접근하지 못하여 월동에 필요한 자재를 운반할 수 없었다. 17명으로 예정된 월동 대원을 6명까지 줄이며 월동하려고 했지만, 자재를 운반할 수 없었기 때문에 일단 기지에 있던 대원 전원이 배로 철수했다. 그때 월동을 계속할 것을 전제로 15마리의 개를 기지에 묶어 두고 왔는데, 결국 2차 월동대가 월동을 단념하게 되면서 개는 그대로 기지에 남겨졌다.

이듬해인 1959년 1월, 3차 월동대가 쇼와 기지에 도착하자 두 마리의 개가 다가왔다. 생김새와 털 색깔로 보아 타로와 지로 형제임을 알 수 있었다. 대부분의 개가 줄에 묶인 채 죽어 있었지만, 막 성견이 된 타로와 지로는 힘이 세서 줄을 끊고 풀려난 것이다. 그리고 두 마리가 협력하여 바다표범을 잡아먹으면서 아무도 없는 쇼와 기지에서 살아남았다. 이 이야기는 1980년대에 영화로도 만들어졌다.

글을 마치며

글에서 잘 알 수 있듯이, 이 책은 남극과 북극의 자연 현상을 이해하는 데 도움을 주기 위한 목적으로 집필되었다. 그곳에서의 인간 활동에 관해서는 몇 항목에서 소개했으나 충분하지 않다. 하물며 양극의 땅이 어떻게 인류의 눈에 들어왔고 또 이용하게 되었는지의 역사에 관해서는 거의 다루고 있지 않다. 백 개의 항목 속에서 가능한 많은 자연 현상을 독자에게 알리고 싶었기 때문이다. 그러므로 극지 특유의 자연 현상에 관한 것은 총망라되었다고 해도 과장이 아닐 듯하다. '머리말'에서도 말했듯이, 비록 한 마디의 말 혹은 한 줄의 기술일지라도 그것이 독자의 심금을 울릴 수 있기를 기대한다. 그리고 새롭게 갖게 된 관심과 지적 호기심이 다음의 발전으로 이어지기를 소망한다.

극지의 대자연 앞에 서면 우리는 모두 자신의 왜소함과 인간의 나약함을 실감하게 된다. 자연을 인간이 정복할 대상으로 보는 데카르트 철학의 서양 사상에 의문을 품거나 위화감을 느끼는 사람도 적지 않을 것이다. 우리 집필 자들의 마음속에는 인간은 자연의 일부이며, 인간은 자연으로 인하여 살아가고 있다는 생각이 아로새겨져 있다. 비록 자연 과학자일지라도 일본 전래의 자연을 경외하는 마음으로 본서를 집필했다.

책 속의 일부 내용은 국립극지연구소 이토 하지메 조교수의 조언에 힘입은 바가 크다. 이토 조교수의 호의에 깊이 감사드린다. 그리고 책에 실린 사진은 대부분 집필자들이 찍은 것이지만 일부는 제공받기도 했다. 아라이 테루오, 기츠 노부히코, 니시야마 츠네오, 야마우치 야스다카, 이마에 나오야, 가미야마 다카요시, 사노 마사시, 야마시타 미키야, 야마노우치 다카시, 요시오카 미키, 다니무라 아츠시, 쓰치야 야스다카, 호리베 토시오 제씨에게 감사드린다.

  끝으로 본서의 기획과 편집에 전력을 다해 주신 도쿄서적(주) 교재 편집부의 가와라 히로시 씨에게 고마운 마음을 전한다.

                          집필자 대표 가미누마 가츠타다

번역을 마치며

 지난해 북극해를 덮고 있던 해빙이 빠른 속도로 녹으면서 북극해를 통과하는 북동 항로와 북서 항로가 조만간 열릴 것이라는 뉴스가 있었습니다. 그렇게 되면 우리나라에서 북유럽이나 미국 동부 지역으로 향할 때 더 이상 수에즈 운하나 파나마 운하를 이용하여 멀리 우회할 필요가 없어집니다. 베링 해협으로부터 직접 북극해를 가로질러 감으로써 항로 거리는 물론 운항 시간까지 크게 단축되므로 경제적인 이익이 매우 커질 것이라는 낙관적인 보도였습니다. 물론 글로벌화 시대를 살고 있는 우리에게 북극해 항로의 개설이 물류 측면에서 경제적인 효과가 큰 것은 부인하기 어렵습니다. 하지만 그렇다고 해서 북극해 항로의 개설이 마냥 반갑기만 한 소식일까요?

 이제 지구 온난화라는 말은 강의실이나 심포지엄 회의장에서만 들을 수 있는 소위 전문가 그룹이 독점하고 있는 말이 아닙니다. 저녁 식탁에 둘러앉은 가족들 간의 소소한 대화에서도 심심찮게 등장하는, 그야말로 일상적인 말이 되어 버렸습니다. 그래서일까요. 동물학자들은 북극에 사는 백곰이 심각한 수준의 멸종 위기에 놓여 있다고 우려하고 있습니다. 또 기후학자들은 해수면 상승으로 인하여 남태평양의 산호초로 이루어진 섬들이 빠른 속도로 사라지고 있으며, 남아시아의 해안 충적평야에 사는 사람들은 이전보다 훨씬 자주 수해를 입을 것이라고 경고하고 있습니다.

지구 온난화를 상징하는 장면으로, 꽝음을 내며 무너져 내리는 남북 양극역 빙하의 모습이 우리 가슴에 각인되어 있습니다. 마치 인류의 무절제한 지구 남용이라는 죗값을 뒤집어쓰고 신음하고 있는 듯한 극지의 모습에 마음이 무거워집니다. 하지만 극지의 설빙권은 바로 얼마 전까지만 해도 신비로움과 경이로움 그 자체였습니다. 밤하늘을 수놓는 화려한 오로라, 몸을 가누기도 힘겨운 혹독한 환경 속에서 새끼를 키워 내는 강인한 황제펭귄 그리고 그 앞에 서 있는 모든 것들을 그저 침묵하게 만드는 장엄한 빙하 등 극지는 생각하는 것만으로도 우리를 숙연하게 만들고 때로는 카타르시스를 제공하는 그야말로 판타지와 같은 동경의 세계였습니다.

　이런 극지가 요즘 판타지가 아닌 현실로서 우리에게 다가오고 있습니다. 남극 상공에 발생한 오존홀은 대류권 상층의 성층권 대기에도 관심을 갖게 하며 프레온 가스의 사용을 금지하게 만들었습니다. 청정한 극지의 대기는 지구의 현 대기 상태를 가늠하는 중요한 척도가 되고 있습니다. 더불어 억만 겁의 세월을 간직하고 있는 극지의 빙상은 지구의 과거 대기 상태를 들여다볼 수 있는 좋은 자료가 되고 있습니다. 다양한 분야에서 진행되고 있는 극지에 관한 조사와 연구는 판타지적인 극지의 이미지를 엄연한 현실의 모습으로 바꿔놓고 있습니다. 극지의 설빙권은 더 이상 판타지의 세계가 아닌 것입니다. 오히려 무한한 가능성을 지닌, 어쩌면 지상에 남겨진 마지막 보물창고인지도 모릅니다.

그렇기 때문에 많은 나라가 자국에서 멀리 떨어져 있는 이곳 극지까지 찾아와 지속적으로 활동하고 있습니다. 해양자원과 지하자원의 개발은 물론 가까운 미래에 있을지도 모를 영유권 분쟁까지 포함하여 극지에서 자국의 입지를 강화하려고 애쓰고 있습니다. 현재 남극에는 46개의 관측 기지가 세워져 있습니다. 1986년 남극조약에 가입한 우리나라는 1988년 남셰틀랜드 군도의 킹조지 섬에 세종 기지를 세우고, 그 이듬해에는 남극조약 협의국의 지위를 얻음으로써 남극에서의 입지를 확고히 하고 있습니다. 북극에서는 스발바르 제도의 스피츠베르겐 섬에 2002년 다산 기지가 세워짐으로써 남북 양극에 과학 기지를 가지고 있는 여덟 번째 나라가 되었습니다. 그리고 2011년에는 케이프 벅스에 두 번째 남극 기지를 세울 예정이므로 우리나라도 극지에서 적극적인 활동을 펴고 있는 나라의 하나입니다.

현재 빙하가 존재하지 않는 한반도에 살고 있는 우리에게 설빙권은 여전히 실감이 잘 나지 않는 세계임이 틀림없습니다. 하지만 마지막 빙기 때는 한반도에도 산악빙하가 출현했으며, 그 흔적은 지금도 북한의 고산 지역에 뚜렷하게 남아 있습니다. 당시 해수면 하강으로 황해가 사라지면서 더 이상

반도가 아니었던 우리나라는 지금보다 훨씬 한랭하고 건조한 환경에 놓여 있었습니다. 그 결과 강력한 동결작용으로 만들어진 암괴지형이 전국의 산록에 분포하고 있습니다. 비록 과거의 기후 환경에서 만들어진 일종의 화석지형이지만, 설빙권의 흔적은 지금도 우리 주변의 경관에 투영되어 있습니다. 그런 점에서 본다면 설빙권이 우리와 전혀 인연이 없는 세계만은 아닌 것입니다.

본서는 설빙권의 특징을 가장 잘 보여 주는 남북 양극역의 다양한 현상들을 소개하고 있습니다. 온난한 중위도에 살고 있는 우리에게는 무척이나 낯설고 또 상상하기도 어렵지만, 지구 호(號)의 다채로운 모습을 만들고 있는 이들 현상을 통하여 설빙권의 세계에 여러분의 관심이 모아지기를 소망합니다. 끝으로 이 책이 발간될 수 있도록 기회를 주신 푸른길의 김선기 대표와 원고 편집에 수고하신 임직원 여러분께 고마운 마음을 전합니다.

2009년 4월

김태호

■ 찾아보기